100万人の
教科書

手に取るように人を動かす

# 最強の
# トリック心理学

日本心理パワー研究所主宰
神岡真司
監修

JINGUKAN

# まえがき…あなたの人生を成功させる心理学の知見の数々！

楽しく無駄のない人間関係により、豊かな人生を歩んでいただくために、心理学の知見は不可欠なものとなっています。

人と人との交わりのなかで、自分を埋没させることなく、どのように生かし続けられるか――を知っているのと、知らないのとでは、長い人生で雲泥の差となって現れるからです。

本書は、トリックな視点を取り入れた「人を動かす心理術」として、さまざまな心理法則を取りまとめています。

ビジネスの現場、対人誘導場面、男女関係の機微、交渉場面、日常生活、NOをYESに変えたい場面……などの状況別に、実践的に使える心理テクニックとして集成されました。

それぞれの場面でどのように対応したらよいか、ケーススタディ別に紹介しています。

現代社会を生き抜くうえで、相手はいったい何を考えているのだろう、どうしたら自分の主張が相手にうまく伝わるだろうという場面は、ビジネスマンのみならず、学生や主婦など、多くの人たちが実際に体験する場面かと思われます。

そうしたときに活用できるのが「心理トリック」なのです。

人とのつき合い方の巧拙で、人生の大部分が支配されるわけですから、自分が「ここぞ！」という場面で、優位に立てるかどうかは本当に重要なことといえます。

また、圧倒的な劣位に立たされたときでも、自分の立場を挽回させる手立てを知っていれば、少なくともそのままで敗北を喫しなくてもすむのです。

本書の知見を実人生にお役立ていただき、輝かしい未来をつかんでいただくキッカケとなれば、監修者としてこのうえない喜びなのです。

神岡真司

手に取るように人を動かす

# 最強のトリック心理学

目次

## 第3章 男女の関係で使える心理トリック

# 第1章

# ビジネスで役立つトリック心理学

# 1 会議で企画を通しやすい席次がある

## ▼部屋の大きさや座る位置が重要な決め手となる

### 自分が座る位置で会議の結末は決まる

「この商談だけは成功させたい。そのためにはこの会議で承認を得なければ……」

何がなんでも通したい企画や商談についての会議で、リーダーシップをとって会議を有利に進める方法があります。しかもその方法とは、じつは会議が始まる前に決まってしまうというのですから、ぜひ知っておいてください。

たとえば、左ページ図1のような長方形のテーブルを囲んで会議が行われる場合、どの位置に座るかが重要な問題です。あなたはどこに座りますか？

正解はAです。

この位置は主導権をとりやすく、仮に意見が紛糾したとしても全体の状況を見極めることができ、どの意見にも流動的に対応しやすいのです。

もし社内であなたの意見に同調してくれる人がいるなら、Cに座ってもらうと、あなたの意見はさらに進めやすくなります。

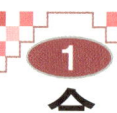

避けたほうがいいのはBの席です。この位置は発言自体がしにくく、周囲からの圧迫を受けやすいからです。

会議をまとめたいと思うなら、迷うことなくAを陣取るべきです。Aの席を押さえることができたなら、会議以前にあなたの目的はほぼ達

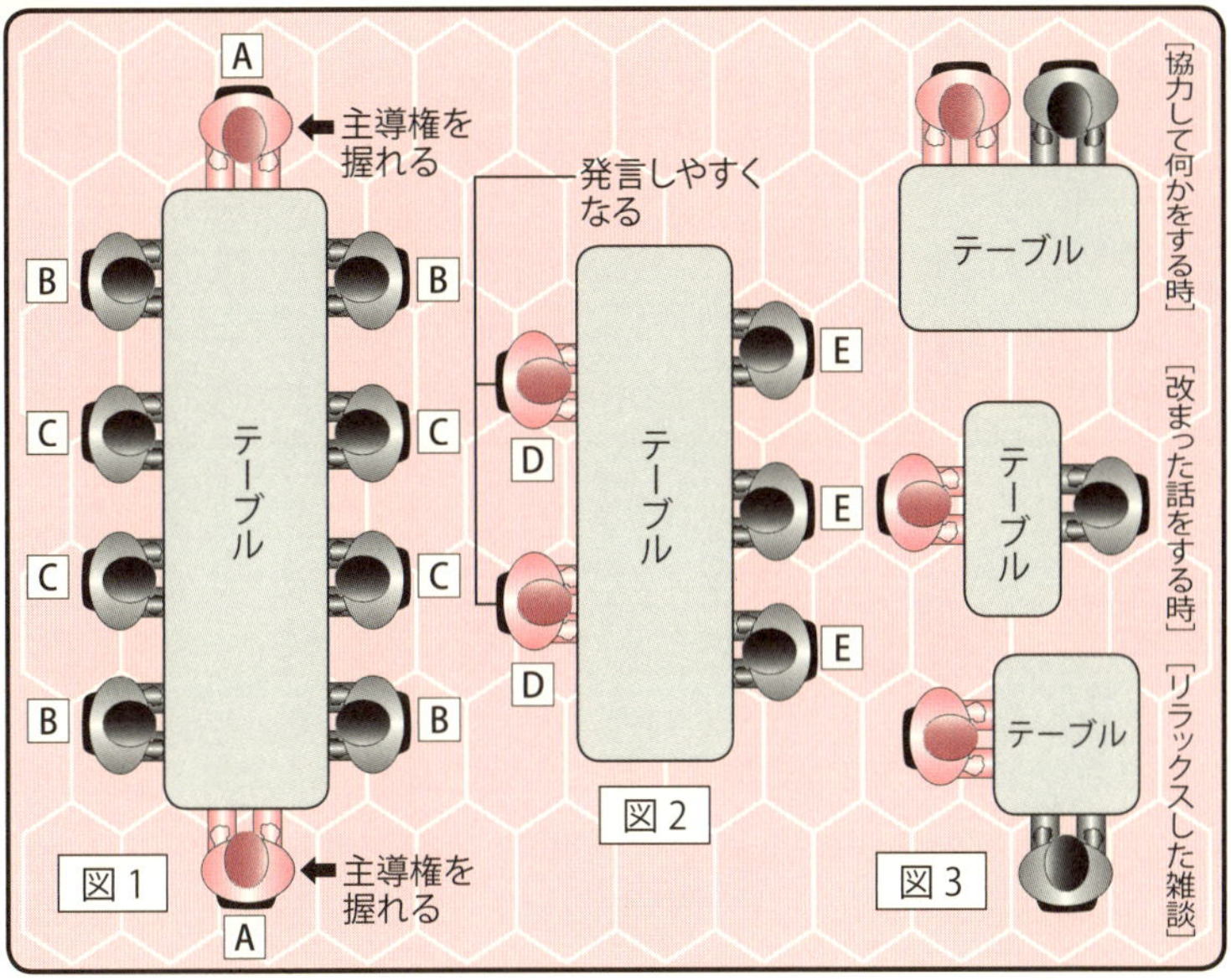


成できたといっても言いすぎではありません。

次に、図2のようにテーブルに向かい合ったときにはどこに座ったらよいかというと、Dの少人数のほうに座るのが主導権が得られやすく、注目を集めることができて発言もしやすいのです。

隣に気を使うこともなく周囲の人の意見も把握できます。またEの真ん中がいちばん発言がしにくい位置になります。

図3は、一対一でテーブルに着くケースですが、横並びに座るのはカップルなどにみられる座り方です。かなり親密な間柄やプライベートに限られるもので、交渉には不向きと考えられています。

交渉の一般的な座り方はテーブルをはさんでおたがいに向き合う形です。改まった話や深刻な話といった、頭を寄せ合ってじっくり時間をかけた話し合いに向いています。

テーブルの角に斜めに座る座り方。この場合はリラックスした状態になるので、親しい間柄での雑談にはいいのですが、交渉するには難しく話もまとまりにくい状況になりがちです。

あなたがもしリーダーシップをとりたいと思うなら、まず第一に座る位置を意識して確保するということを肝に銘じておきましょう。

## 内容によって大きさにも配慮せよ

会議だからといって空いている部屋ならどこでもよいというのではなく、会議の目的や参加する人数などによって、部屋の大きさは考えなければなりません。

穏やかに和気あいあいとした話し合いを男性と女性が一緒に大人数でする場合には、極端に広い部屋であったり極端に狭い部屋でないかぎり、あまり気にする必要はありません。ただし男性だけ、あるいは女性だけの場合には、ちょっとした注意が必要です。

特に男性だけのときには、大きめの部屋を準備するようにします。男性の場合は、相手との距離が必要以上に近くなると攻撃的になる傾向があるためです。

女性の場合は、男性とは逆に、小さめの部屋にまとまったほうが安心感が生まれるようです。これは「パーソナルスペース」の問題です。

## 男性と女性で違うパーソナルスペース

パーソナルスペースとは、他人との距離で不快になる空間のことです。動物でいうと縄張りのようなものと考えたらよいでしょう。パーソナルスペースは、距離によって4分類されます。**密接距離**（恋人の領域）、**個体距離**（友人の領域）、**社会距離**（知人の領域）、**公共距離**（一般人の領域）です。

この4分類は、さらに2つずつに分けられています。それぞれにある程度の距離も規定されれていますが、簡単に言ってしまうと、人が心を許した相手とそうではない人間との関係は、距離がそのまま心の距離を表しているということなのです。

女性よりも男性のほうがパーソナルスペースは広いとされていますが、人によってあるいは相手によっても違いがあるもので固定的なものではありません。

一般的には関係が深い相手の場合にはパーソナルスペースは狭くなり、敵対する相手には広くなる傾向があります。

また社交的な人はスペースが狭く、内向的な人は広いといわれています。

このようなことを知っておくと、出席者が男性ばかりで意見の相違があるような会議では、狭い部屋は避けるようになります。会議がヒートアップしてくると自己主張が強くなり、反対意見の相手に対して攻撃的になり、小競り合いなんてこともありえるからです。

**Point**

1・成功させたい商談では、まず有利な席を確保する

2・パーソナルスペースを知って会議をスムーズに進める

会議で主導権を握る席取りの重要性！

## 2 マイナス情報の提示がプラスに働く

▼好感度をアップさせる情報を事前に流しておく

### 「事前情報の効果」を巧みに活用する

ビジネスのうえで大切な「人脈」ですが、もっている人脈をいかに生かすことができるかは重要なポイントになります。

職種によって違いはありますが、キャリアを積んでいけばそれに伴って人脈も増えていくものです。その人脈を駆使することで、大きな商談の機会を得たとします。

相手は業界の重鎮といわれるような人物で、会社の期待も大きく、この機会を逃すわけにはいかず、何がなんでも成功させなければなりません。そのためには相手に良い第一印象をもってもらうことがまずは先決となります。

そのようなとき、あなたにまたとない機会を与えてくれた知り合いに、もうひと押ししてもらうようにお願いしておくのです。具体的には商談の前、相手にあなたに対して良いイメージをもってもらえるような情報や噂を流しておいてもらうのです。

これは「**事前情報の効果**」と呼ばれるもので、第一印象に自信のないときや不安感が大きなときに、知人からそれとなく自分に関する好感度が上がるような情報を流してもらうことをいいます。

第一印象は、会った最初に受ける印象にほかなりませんが、じつは会う以前からすでに作ら

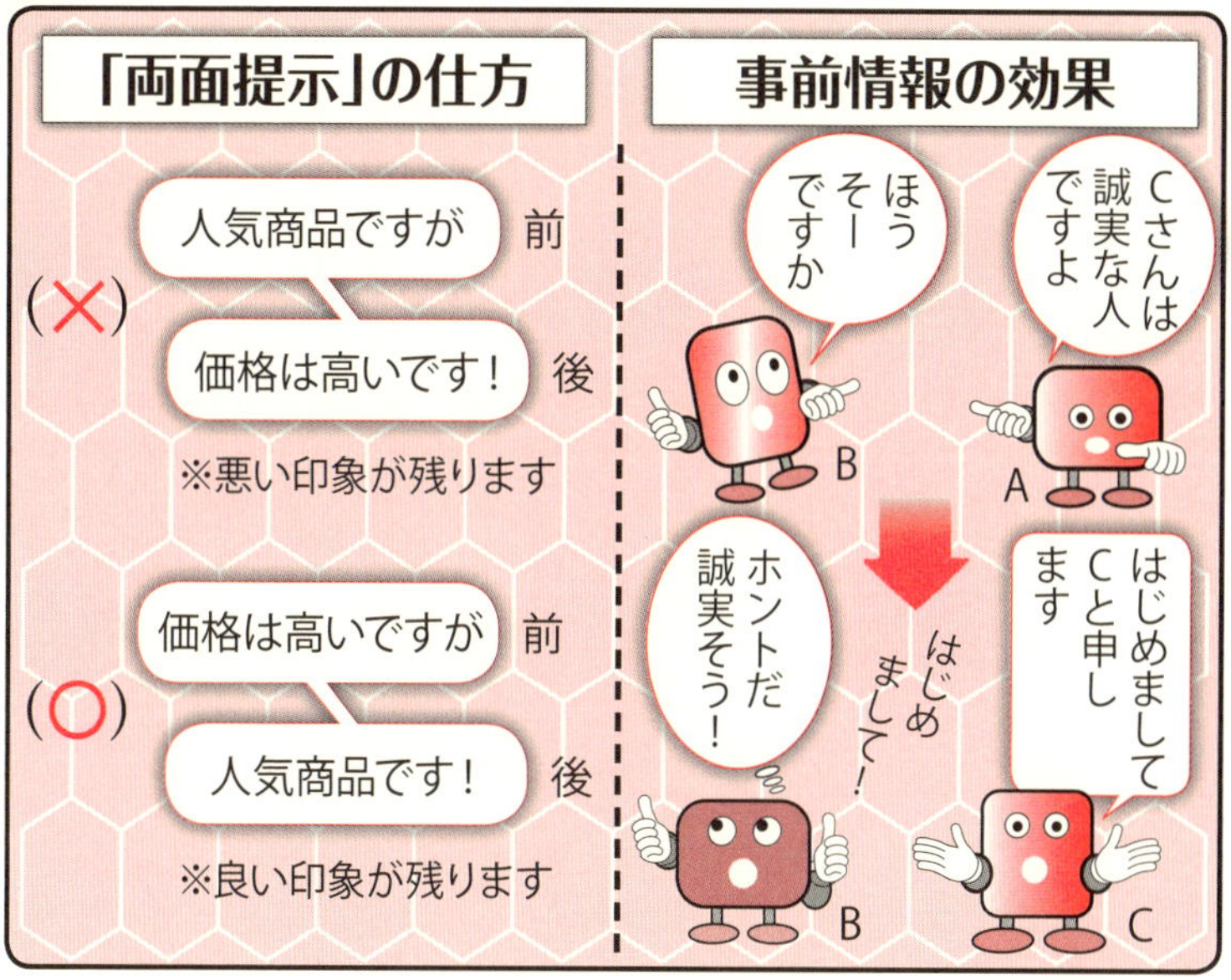


れているのです。

たとえば、知り合いがあなたのことを「彼は努力家で誠実な人間です」と相手に伝えておいてくれると、実際に会ったあとの印象は「努力家で誠実な人間」ということになります。

ところが「彼は調子のいい人間です」と情報を流しておくと、その人のあなたへの印象は「調子のいい人間」になります。

**人は初対面の相手の情報や噂を事前に聞いていた場合、その先入観からイメージを形成してしまう**ものなのです。

合コンなどの前に、

「○△は変わっている奴で、自分が気に入らないとその場で帰っちゃうんだ」

なんてことを耳にした女性が、興味をもって○△に話しかけてみて「この人楽しそうに話しているから、私のこと気に入っているのかしら」なんて勝手に思い込み、うまくいくケースもあります。

人は情報に左右されやすい生き物です。情報を上手に利用することで、実際に会う前から好意的なイメージをもってもらうことができるのです。

## 「接種理論」と「両面提示」が重要な理由

さていよいよ商談のときがやってきました。緊張感からくるハイな調子は相手に嫌な感じを与えることはないでしょうが、いい話ばかりを立て続けに述べるというのは問題ありです。

物事には必ずプラスの面ばかりではなくマイナス面もありますから、マイナス面についてもできるだけ早い段階できちんと伝えておくべきでしょう。

マイナス面に触れずに隠したままにしておいて、それがのちに発覚した場合、相手は「だまされた」と思うからです。

そうならないためには、最初の段階でプラスの面もマイナス面もすべてを開示しておくことです。あとになって仮に何かのトラブルが起こったとしても、相手にはマイナスに対する免疫が出来上がっているので、抵抗は少ないはずです。

これを「**接種理論**」と呼びます。

インフルエンザ予防のためにワクチン（インフルエンザウイルスを弱くしたもの）を接種することで、体内に抗体を作り、インフルエンザにかかりにくくするということからきています。

ただしマイナス面を開示するときには、けっしてマイナスだけを取り上げて言うのではなく、プラスの面と抱き合わせで話すことです。

人は、一般的に物事にはプラスの面とマイナスの面があるのが当たり前だと思っていますので、両面が開示されることでむしろ納得しやすいともいえるのです。これを「**両面提示**」といいますが、話す順番としてマイナスを先に挙げてからプラスを提示することがコツです。

マイナス情報を最後にもってくると、マイナスの印象だけがあとあとまで残ってしまうからです。

## 両面提示はなぜ重要なのか

マイナス情報をわざわざ提示する必要はないのでは？ と、思われるかもしれませんが、人は経験のなかで、何事も良いことばかりではないことを知っていますから、さらりと悪い面も提示してしまうほうが説得力があるのです。

特に、相手が疑り深いタイプならば、良いことばかり言っていると、かえってこちらの痛くもない腹を探られるようなことにもなりかねません。

相手がどのようなタイプなのかがわからないときこそ、良いことと悪いことの両面をさらけだしておいたほうが、結果的には間違いないようです。

**Point**

1・人は情報に左右されやすいので、事前情報を活用する

2・商談では両面提示を基本とする

商談は、「接種理論」と「両面提示」で！

3

# クリアできる目標で相手のやる気をアップ

▼相手のやる気を無意識にアップさせるコツ

## 叱咤激励だけでは人は動かない

勉強のできない子どもに、

「どうしてあなたはできないの」

「もっとしっかりやりなさい」

と大声で叱ったり励ましたりしても、勉強ができるようになる子どもはいないでしょう。

親が怖い顔をしていくらお説教をしたところで、せいぜい親が怖いから勉強をするふりをするくらいで、自分からやる気になることはほとんどありません。

仕事のできない部下もしかりです。

上司が、

「お前だけだぞ、今月の営業成績のノルマを達成していないのは！」

と怒ったとしても、翌月に目標を達成できるかといったら、おそらく難しいと思います。「どうせ自分には営業のセンスがないんだ」と、ますます自信を喪失するだけかもしれません。

では、ほめるというのはどうでしょう。

「○△ちゃんは、お利口だね」

というよりも、具体的に、

「○△ちゃんは、漢字がとてもよく読めるね」

とほめられると、子どもは「僕は漢字がよく読めるのだから、もっといろいろ読めるようにしよう」と、自分から勉強をしたり本を読んだりするようになります。

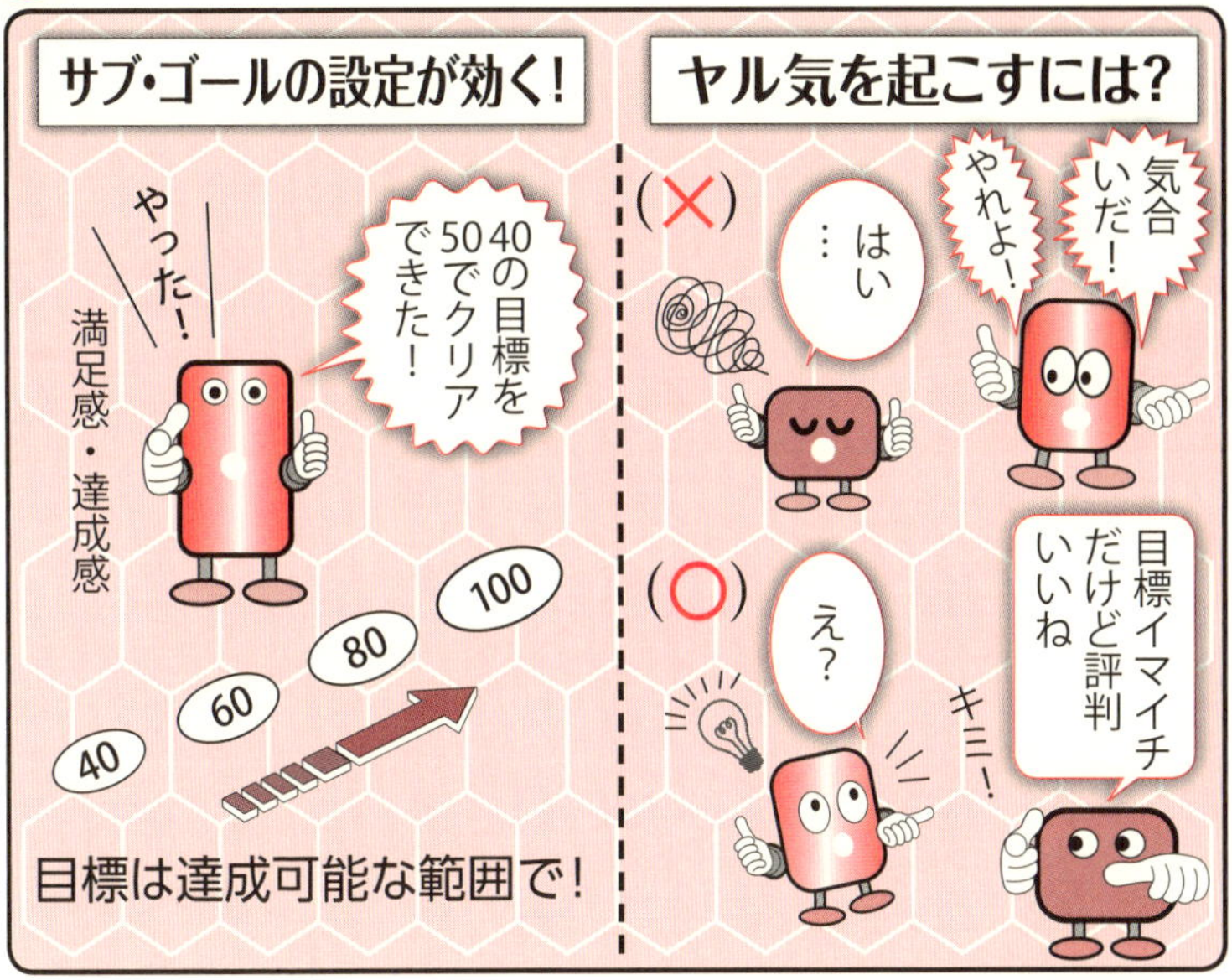


仕事のできない部下に対して上司は叱るのではなく、

「お前は営業ではあまり結果は出せないけど、企業受けはいいんだよな。このあいだ、××企業の部長がお前のこと誠実な奴だってほめてたぞ」

と良いところをほめると、本人は「そうか、誠実と思われているのか。それならもう少し頑張ってみよう」という気になるものです。

相手のモチベーションをいかにして上げることができるかは、話し方がとても重要なファクターであることがわかります。

## 小さな目標をクリアしたときの満足感とその効用

モチベーションの上がる言い方をされたとしても、いきなり大きな目標を示されたら実感がわかないだけではなく、やる気さえ起こらないのではないでしょうか。人は目標が近づいてこそやる気になるものです。

　普段65点しか取れない子どもに「１００点を取りなさい」といっても、何をどうしたら１００点が取れるのかわからないため、やる気は失せてしまいます。

　ところが「80点を取ってごらん」ということなら、**とりあえずの目標（サブ・ゴール）**を設定してやってみようという気になるものです。


　この心理トリックを使って、一人の生徒を見事希望の大学に合格させた予備校の先生の話をご紹介しましょう。

　高校を卒業したA君は就職もせず、気が向いたときだけアルバイトをするという気ままな生活を送っていましたが、あるときこれではいけないと考えて親に相談しました。

　親は、やりたいことがないのなら大学へ行くように勧めました。A君は特にやりたいことがなかったので、親の言う通り大学を目指すことにしました。

　どこの大学に入って何を学んだらよいのか何もわからなかったA君は、とりあえず予備校に行って自分の気持ちをありのままに相談しました。

　すると先生は、

「今は目標はどこでもいいよ。T大にしようか？」

　と言ったのです。

「そんなの無理だし、やりたくもないです」

　と答えたA君でしたが、内心馬鹿にされているのかと思ったのです。

　予備校で勉強を始めると、思った通り成績はかなり下でした。

「あーあ、どれだけ勉強すればいいんだろう」

とやる気をなくしていると、例の先生が、

「A君、次の模試で40点を目指してみろ」

　と言うのです。A君は40点ならなんとかなると思って頑張りました。

すると、結果は50点取れていました。

先生は、

「お前結構できるじゃないか、それなら次は70点だ」

と、次から次へとサブ・ゴールを設定していったのです。

そしていつの間にか必死で勉強していたA君は、一年後見事T大に入ってしまったのです。

ここで大切なのは「無意識」ということです。本人の意思とは関係なく、その人の心の底で眠っている力が、外からのなんらかの働きかけによって目覚めることで、それまで考えられなかった力が発揮されるというものです。

自分の脳を人間はすべて把握しているわけではないことは最近よくいわれます。無意識のなかには、本人の計り知れない底力が眠っているとするならば、何によって目を覚ますのか、興味のつきないところではあります。

**Point**

1・相手のモチベーションを上げるには、話し方が重要なカギになる

2・小さな目標をクリアしていくことで、無意識に大きなゴールにたどりつく

話し方とサブ・ゴールの設定で能率アップ！

4

# 相手の心を刺激する効果的なゴマすりテク

▼心理のアヤを衝いて好感度が上がるゴマすり

## ゴマすりの上手な人は出世する

「また、あいつのゴマすりが始まったよ」

「俺にはあそこまでのゴマすりは、とてもできないね」

というように、ゴマすりはネガティブなイメージとしてとらえられています。とはいうものの、会社という組織に所属していればゴマすりの一度や二度、したことのない人はいないはずです。

むしろ処世術のひとつと考えれば、ビジネスマンたる者、ゴマすりをいかに行うかが重要だということでもあります。

しかし、いざゴマをすってみようとすると、これが案外難しいものなのです。

下手をするとわざとらしくなって、おだてているのか皮肉で言っているのか本人もわからなくなってしまい、途中で声が小さくなってしまいます。

「あいつみたいなゴマすりはできないよ」

というのは案外本音で、気のきいた上手なゴマすりをするためにはそれなりのテクニックが必要だということです。

ゴマすりの上手な人から、

「すれるものならすってみたらどうですか」

と言われると、自信のない者は黙ってうつむくしかないのは、気のきいたゴマすりが難しいということを暗黙のうちに認めている証拠なの

## 上手なゴマすりの仕方(4分類)

**①お世辞は……?**

さすがは愛知のご出身、
信長の心に通じてますね!

☆具体例を挙げて!

**②同調・賛成は……?**

なるほど、
おっしゃる通りですね!

☆タイミングが大事!

**③親切な気遣いは……?**

こんにちは!(ニコッ!)
(お時間・お体)大丈夫ですか?

☆自分から声をかける!

**④自分を謙遜するのは……?**

さすがですね、
私は気づきませんでした!

☆持ち上げすぎない!

**いずれも「やりすぎ」は禁物です**

かもしれません。

ある調査によると、ゴマすりの上手な人は出世するそうです。ゴマすりが馬鹿にされるのは、ゴマのすり方が下手だからで、上手にゴマをすっていい気持ちにしてくれるなら、その人を嫌う理由はないというのです。

歯の浮くようなお世辞を言われてもいい気持ちはしないけれど、的を射ていれば好感をもって受け入れてくれるということです。

ゴマすりは人間関係の潤滑油くらいに考えておくと、相手を選ばずに自然にゴマがすれるようになり、そうなれば本物です。

基本的には相手が喜んでくれるもので、それによって自分も利益が得られれば、ゴマすりとしては成功といえるのでしょう。自分が利益を得ようとする姿勢があまりにも露骨であると、相手には不快感を与えてしまうことになるので、ゴマすりはこのあたりに難しさがあります。

## ゴマすりを武器にする4つのテクニック

心理学では、特定の人の関心を得ようとする行為を**「迎合行動」「取り入り」**などと呼びますが、ゴマすりもこの中に含まれます。またゴマすりには、4つのテクニックがあります。

それぞれを紹介しながら、上手な使い方を考えてみることにしましょう。

### ①お世辞を言って相手の自尊心を高める方法

ほめられて気を悪くする人はいないはずです。一方で、特にその人ではなくとも通用するようなお世辞では、単なる口のうまい人で終わってしまいます。

「さすが愛知出身の課長ですね。織田信長の心境がおわかりになっていますね。すばらしい」

などのように相手の出身地や敬愛する人物の具体例を挙げてほめるようにすると、ほめられたほうは自尊心の満足度が高まります。

### ②相手の意見に同調する方法

「おっしゃる通りです」

と、相手の言動をよく観察していて、ここぞというときにほめます。

人は自分の意見に賛同してくれる存在がいると安心するものですが、タイミングを誤ると取ってつけたような感じがしてしまい、相手を不快にさせるので注意を要します。

### ③相手に対して親切にする方法

相手に対して気配りをすることですが、このなかには自分から挨拶をするということも含まれます。ニコッとして挨拶をすれば、それは「あなたを受け入れていますよ」というサインにほかなりませんから、相手に対する気配りとなります。

ただし「大丈夫ですか」と、声をかけるくらいにしておかないと、逆に「うるさい奴だ」と嫌がられてしまいます。

**④自分を卑下することで相手を高める方法**

「さすが○△課長ですね、私はまったく気がつきませんでした」

というものです。これもやりすぎると嫌味になってしまいます。あまりもち上げすぎないことです。

## ゴマすりの効果はどのくらいあるのか

ゴマすりの上手な人は出世するといわれますが、本当のところはどうなのでしょうか？

上司を嫌な気分にさせないという点では、ゴマすりは歓迎されるでしょうが、さすがにゴマすりだけで世の中を渡っていくのは難しいようです。

言い換えると、出世の見込みはないのにゴマすりだけが求められる現実社会のむなしさを、人間関係のなかで実感しているということが真実のようです。

**Point**

1・ゴマすりは人間関係の潤滑油になるくらいがちょうどよい

2・ゴマをするときは４つのテクニックを使い分ける

ゴマすり上手は出世上手！

# 5 名前を呼んで指示を出すと仕事効率がアップ

▼名前で呼ぶと特別感がわいてくるカラクリ

## 相手の名前を会話の中に入れるといい関係が保てる

たとえば、予約したホテルやレストランに行ったときに、

「○△様、いらっしゃいませ」

「お待ちしておりました、○×様」

のように名前を呼ばれると、ただ「いらっしゃいませ」と言われるよりも、ちょっと特別扱いされている気がするものです。

挨拶であっても、ただ「こんにちは」というより「○×さん、こんにちは」と言われたほうが自分に言ってくれているという特別な感じがします。

ビジネスの場面で、

「キミ、これやっておいてくれる」

「キミキミ、この書類コピーしておいて」

「キミ、ちょっと……」

なんて言われてものを頼まれたら、あまりいい気分はしないものです。（たまたまそこにいたから頼まれたわけで、別に自分でなければというと仕事でもないのに面倒だな、ついてないな……）と思いながらやるようでは満足な仕事はできません。

「○△君、これやっておいてくれる」

「○×さん、この書類コピーしておいて」

と名指しで頼まれるのと比べると、頼まれた部下の責任感はまったく違います。

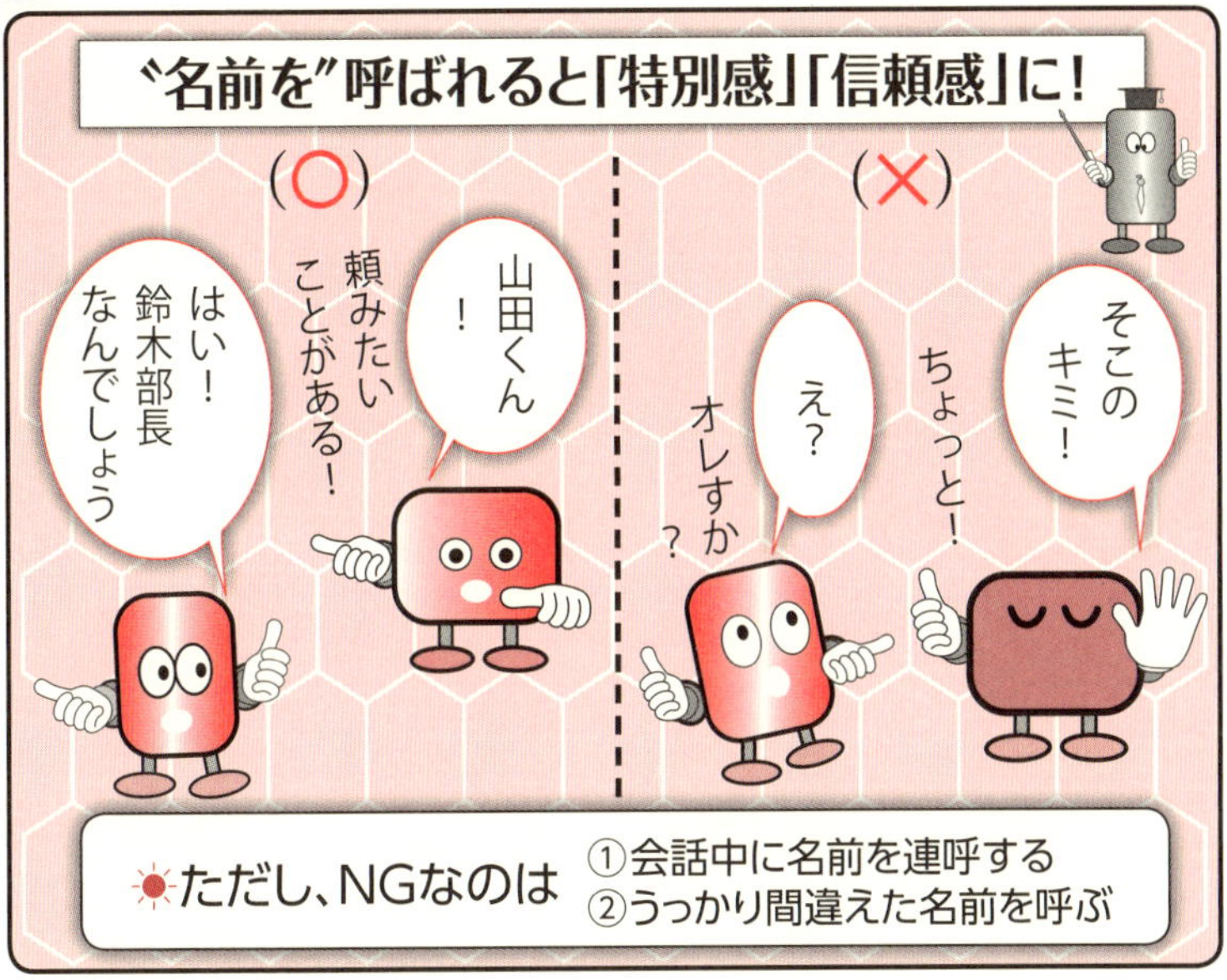


名指しで頼まれた仕事は、（上司が自分を選んでくれたのだから、期待に応えなくてはいけない）と、それだけで責任ある仕事をしようと思うものです。

部下にしてみれば仕事上の責任をもたされるということは、上司が信頼してくれているという意識につながるのです。

**上司が名指しで指示をすることによって、部下にとっては自覚を促し、やる気を引きだす**という大きな効果が期待できるのです。

コピーをとるような単純な作業はともかくとして、社内でも重要なプロジェクトを名指しで指示された部下が、期待以上のものを仕上げてきたとしたら、上司と部下の関係はより親密なものとなり、おたがいの信頼感はさらに深まるものに違いありません。

社内や部署内で、上司が部下の名前をきちんと呼んで指示を出すだけのことです。すぐに始めてみる価値はあります。

## 簡単かつ効果の高いマネジメント法とは

「名指し効果」は誰にでも有効ですが、特にあまりやる気のない部下や、本気で取り組む様子のみられない部下には、より効力を発揮します。

「○△君、頼んだよ」

「○×さん、わかりましたね」

というような、念を押すような言い方をすると効果は絶大です。

同じように、部下をほめる際にも、名指しでほめるようにするといいでしょう。気持ちが伝わりやすくなるので部下のやる気はますます膨らみ、自分は認められたのだと思い、仕事に対する意欲や取り組み方は高まります。

とかく叱るときや注意する際には、

「○△君、だめじゃないか」

「○×さん、注意してくれないと困るよ」

ときつく言いがちですが、ほめるときこそ名前を呼んで、気持ちをきちんと伝えるようにします。簡単ですが、効果的なマネジメント法といえるでしょう。

社内で部下や後輩に何かを頼むのに、

「ねえ、キミ」

「おい、そこのキミ」

「キミキミ、オイ、君」

ですませてきたというあなたは、それだけで部下や後輩のやる気をそいでいたのかもしれません。名指しで仕事を頼むようにさっそく実行してみるとよいでしょう。

部下や後輩との関係がスムーズになり、今まで以上にコミュニケーションがよくなるに違いありません。

## 会話の中に名前を入れる際の注意点

会話の中に相手の名前を入れることの効果は、わかっていただけたと思いますが、最後にいくつか注意点を挙げておきます。

会話の中で何度もしつこく名前を連呼するようなことはしてはいけません。相手に嫌がられてしまいます。

また、初対面の相手や久しぶりに会った相手の名前を、間違って呼ぶようなことは絶対に避けなければいけません。相手だけではなく周囲の人にも呆れられてしまい、その場の収拾がつかなくなってしまいます。

久しぶりに会った相手の名前を間違えても、相手が訂正してくれなければ、そのまま間違って名前を呼び続けることになります。

「○×ちゃん、久しぶりに会えてうれしいよ」となれなれしく旧交を温めるようなことを言ったとしても、名前が間違っていたら、相手は「調子のいい奴だ！」という印象をもつだけで、うれしくもなんともないはずです。

むしろ「嫌な奴！」としらけること間違いなしなので、気をつけなければいけません。

**Point**

1・会話に名前を入れると、人間関係はうまくいく

2・名前を間違うのは印象を悪くする

名前で呼ばれると特別感がわく！

# 6 飲み会では相手の本音が垣間見られる

▼酒席で本音を読み取る心理テク

## 飲み会は相手の本音を知る絶好の機会

ある会社で新入社員の歓迎会が開かれたとき、最初に社長が新入社員を前にしてこう言いました。

「諸君、今日は君たちの歓迎会なのだから好きなように自由にやってくれたまえ。社長も部長も課長も肩書きなしで無礼講でいこうじゃないか」

これを聞いた新入社員たちの反応は、いくつかに分かれました。

「無礼講なんてことは信じられない」と受け止めた人たちは、おとなしく社交辞令的に上司の様子を見ながらお酒の量も言葉も控え目にしていたそうです。

「無礼講でもなんでもいいけど、マイペースでやります」という人たちは、上司は上司として礼節をもって敬い、自分のペースでお酒を飲んで楽しんだそうです。

「いつもの飲み会と同じでいいんだ」と無礼講を信じてお酒をグビグビ飲んで、上司に言いたい放題を言ってからんだ人たちもわずかですがいました。

それからしばらくして新入社員の配属が発表されたのですが、無礼講を信じた人は地方勤務を命じられました。その社では新入社員歓迎の無礼講は恒例で、じつは酒の飲み方を観察して配属を決めるということを、新入社員はあとか

## 酒の飲み方で本性が見えてくる!

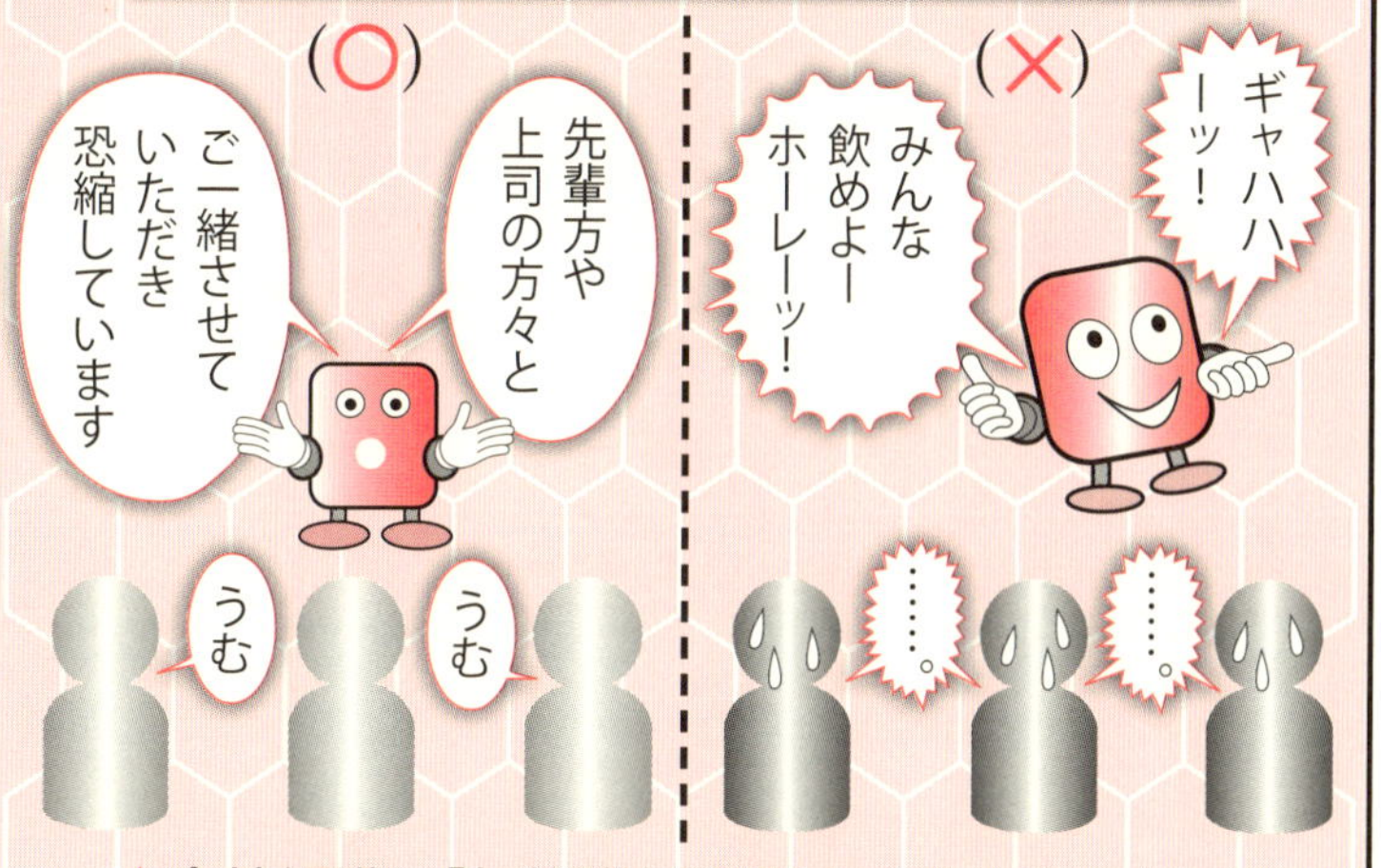
（×）
ギャハハハーッ！
みんな飲めよーホーレーッ！
……。
……。
（○）
先輩方や上司の方々と
ご一緒させていただき恐縮しています
うむ
うむ

会社組織で「無礼講」を信じたら大変なことに！

ら先輩に聞かされるのです。

この会社のやり方がいいか悪いのかは別として、酒の飲み方で、人は本性や本音を現してしまうのです。

昨今の若い人は会社の上司や同僚と飲みに行きたがらない傾向にあります。かつてサラリーマンといえば、お酒を飲みながら言いたいことを言い合い、コミュニケーションを図るというひとつの文化がありました。

ところが最近は、男性も女性も会社とは関係のないサークル的なまとまりでお酒を飲む機会が増えているようです。

女子会などという女性だけの飲み会では、同性だけという気安さと安心感からか会社の上司はもちろん、先輩同僚などが容赦なくやり玉に上げられているようです。

ともかくお酒が入ると人格が変わる人や饒舌《じょうぜつ》になる人はいます。これは正確にいうと、お酒を飲むことでその人の本音の部分が現れたということなのです。

お酒の飲み方を観察することで、普段はわからない人の本当の姿をうかがい知ることができるのです。

## 酒の飲み方でわかるタイプ別深層心理

**①饒舌《じょうぜつ》になるタイプ**

普段はまじめでおとなしいのですが、お酒が入ると突然饒舌になる人がいます。このような人は日頃言いたいことを言わないで我慢している人で、その反動もあってお酒の勢いで饒舌になるのでしょう。お酒の席でしゃべることでストレスを発散させているともいえます。

**②口数が少なくなるタイプ**

お酒が進むにしたがって口数の少なくなる人がいますが、このような人は自分では何もしたくなく、誰かに盛り上げてもらいたいという願望の強い人です。

**③まったく変わらないタイプ**

お酒が入っても、普段とまったく変わらないという人もいます。

体質的にお酒の強い人か、酔っていても酔っている態度を見せないのは、人前で本心を出さないという強い意志をもった人で、会社などでは自己防衛的な性格の強い人です。

**④場を盛り上げるタイプ**

普段から明るくて元気、お酒の勢いで場を盛り上げようとする人はサービス精神の旺盛な人です。このタイプは強調性に富んでいて、日頃から他人を楽しませる素質があり、何か問題が起きたときには率先して解決しようと奔走するようなところがあります。

**⑤泣き上戸になるタイプ**

いわゆる泣き上戸というタイプがあります。このような人は素直ですが子どもっぽく、思ったままに行動してしまうところがあり、純粋なために他人に都合のいいように利用されたりします。飲むとすぐに寝てしまう人も、泣く人と同様素直なタイプです。

**⑥からみ酒になるタイプ**

一緒に飲んでいてもっとも嫌われるのは、からみ酒ではないでしょうか。普段はおとなしいのに、お酒を飲むとからみだす人です。

誰か一人をつかまえて、お説教をしたり、とにかくいちゃもんをつけるなど、日常の不満がお酒の勢いであふれだすのです。つかまってしまった人は、とんだ災難としか言いようがありません。普段はおとなしくても、じつはお説教がしたくて仕方がないのを我慢している人なのかもしれません。

さて、あなたは自分がどのタイプかわかりましたか？

ただ気持ちよく、楽しく飲んでいただけなのに、相手はあなたのことをしっかり観察しているものです。

**Point**

1・酒席は、普段見えない人の本音が現れる場所

2・酒の飲み方を観察すると深層心理が見えてくる

酒の飲み方次第で評価も変わる！

# 7 共通の話題があれば警戒心がゆるむ

▼顧客に効果的なアピールをする裏技

## 共通する話題を見つけてきっかけを作る

ほとんどの人は初対面の人と会うときや堅苦しい席に出席しなければならないといった場面では、緊張するものです。

ましてやこれまでに先輩方が苦労して築き上げてきた会社のお得意先と会うなどといったら、失敗は許されないというプレッシャーから緊張の度合いは最高潮に達してしまうに違いありません。

では、このようにならないためにはどうすればよいのでしょうか。

知人の営業マンに、自分の緊張感をほぐすことに見事成功し、相手の警戒心も解くことのできる方法を実践している人がいるので、そのコツをご紹介しましょう。

彼も初対面の人とは緊張してうまくいかない時期が長く続いたそうです。

あるとき、いつもと同じくぎこちなく名刺交換をしていると、相手の手のひらにマメを見つけたのです。

「もしかしてゴルフのマメですか？　ハンディはおいくつですか？」

と聞いたことで、そこから突然ゴルフの話になって会話が弾み、仕事のこともとんとん拍子に進んだというのです。

以来彼は、まず先方の方に会ったら一瞬の観

一瞬で警戒心が解けるのは
もしかして、そのマメは・・・ゴルフマメですか？
おおッ！
あなたもでしたか！私ゴルフ大好き人間でして！
お互いの共通項、類似性を見出すと親密感が高まる！

察力を働かせて相手を見定め、共通の話にもっていってしまうようにしたのですが、この効果は抜群だったそうです。

相手と共通する何かを見つけだし、何気なく話題に取り上げて話の突破口とするわけです。それもまったくの偶然のように装うことで、相手の警戒心を解くことができるのです。

保険の外交員の方から聞いたことですが、初対面で相手の方は「保険には絶対に入らないからな」と、警戒心がとても強いそうです。

そのようなとき、まず当たりさわりのない話から始めて、

「じつは、このあたり昔住んでいたものですからなつかしくて……」

あるいは、

「母の旧姓が○△さんと同じなのですが、ご出身はどちらですか？」

と、共通の話題に触れると、

「保険の話、聞くだけなら聞いてもいいよ」

となるそうです。

人は共通する何かがあると、警戒心を解く傾向にあります。

## 自己アピールせずに売り込む逆転の心理術

では、自分を効果的にアピールするためにはどうしたらよいのでしょうか。もうおわかりかと思いますが、それは自分をアピールしないことなのです。

まずは相手が何を求めているのかを把握したうえで、**相手が求めているものを会話の中で見せていく**ようにするのです。

共通の話題で相手の警戒心を解きほぐしたら、次も自己アピールではなく相手の話をよく聞くことです。

相手が何を言おうとしているのか、何を求めているのかを理解するのです。それがわかったら、いよいよあなたの出番です。相手のためにしてあげられることを、精一杯アピールすればよいのです。

サラリーマンにとって今や転職ということも珍しいことではありません。終身雇用制度も以前より不安定なものとなり、転職を考えたり実際に転職をする人もかなりの数にのぼります。

転職する人にとって大切なのが自己アピールです。転職する会社の面接で前の会社でやってきたこと、評価されたことを得々と述べる人がいますが、これもお門違いなアピールになってしまうので気をつけなければなりません。

面接する側からすると、これからうちの会社で何ができるのか、何をしてくれるのかが知りたいわけで、前の会社での評価が知りたいわけではありません。

転職する会社が求めていることがどのようなことなのかを十分把握したうえで、自己アピールすることがここでも求められているのです。

自己アピールとは、決して独りよがりのものであってはならないということです。

## 顧客へのアピールは「損して得取れ」精神で

顧客にアピールするためには、嫌われるようではダメです。すぐには仕事につながらないとしても、かわいがってもらえるようなら、何か困ったことがあったときに相談に乗ってもらえるからです。

一人でも自分の味方になってくれるような人を、顧客のなかにもっているというのは、長い仕事人生のなかでは重要なことです。

そのためには、何かをきっかけとして自分の存在を相手に覚えてもらうことが大切です。すぐに結果が出なくても、長い目で見て得になるような、そんな顧客をしっかりとつかまえておくためには「損して得取れ」の精神も、広い意味でのアピール法として、ときには必要なのではないでしょうか。

**Point**

1・共通する話題で相手の警戒心を上手に解きほぐす
2・「損して得取れ」の精神をもって人と接すること

思いやる気持ちがあれば人は動かせる！

8

# 相手のイメージを巧みに利用する交渉術

▼人間関係を単純化するラベリング効果

## イメージを固定化させるのに便利なレッテル貼り

人はある程度のお付き合いをすると、その人の人となりというものがわかってくるものです。そうなるとイメージを固定的にとらえて、

「あの人は強引な人だから」

「見かけによらずやさしい人ね」

「彼は冷静な人だよ」

というように単純化して言い表そうとする傾向にあります。これを心理学では「**ラベリング効果**」と呼びますが、いわゆる「レッテル貼り」のことです。

人は元来様々な面を持ち合わせているもので、その人の一面だけを取り上げて固定的なひと言で表現してしまうというのは危険でもあります。それでもこのラベリング（レッテル貼り）をすることによって、相手との接し方を単純化させることができて、物事がうまく進むことも少なくはありません。

このラベリング効果を上手に使うことで、ビジネス上の困難な交渉事や紛糾する会議を上手に乗り切るテクニックをご紹介します。

ある会社で新商品の開発をめぐり、反対派と賛成派の対立が激化したときのことです。賛成派のA氏は、普段から「頑固者」というレッテルを貼られている反対派のO氏に向かい、

## ラベリング効果で相手を手玉にとる!

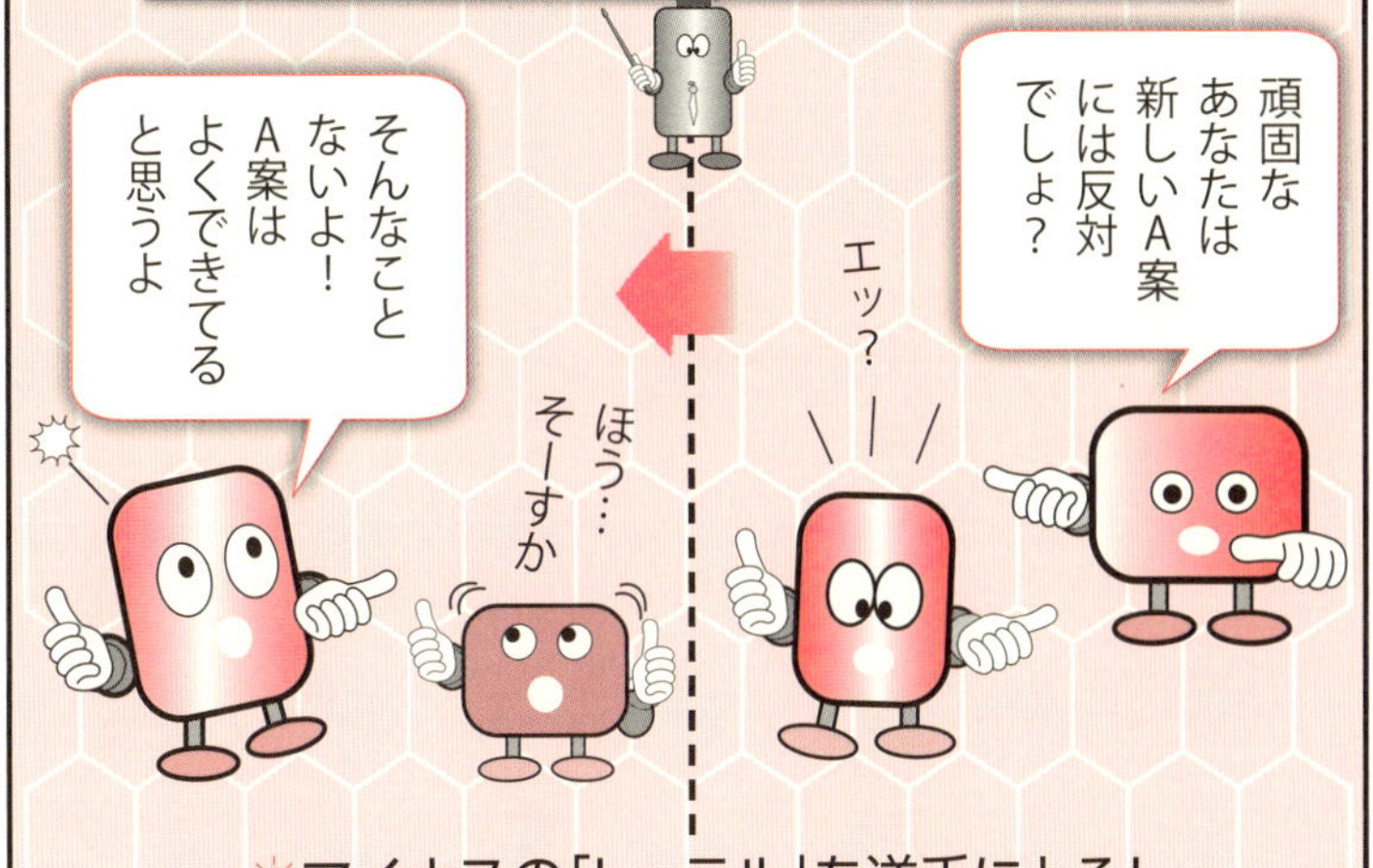
頑固な
あなたは
新しいA案
には反対
でしょ?
エッ?
そんなこと
ないよ!
A案は
よくできてる
と思うよ
ほう…
そーすか

マイナスの「レッテル」を逆手にとる!

「どうせあなたのようなわからず屋の頑固者には、理解してもらうのは無理でしょうけれど……」

と言い放ったのです。面と向かってラベリングされる(レッテルを貼られる)と、人は反射的にそのレッテルをはがそうとする心理が働くもので、O氏は、

「そんなことはない!」

と怒鳴り返しました。

頑固者と決めつけられれば、自分はそうではなく物わかりのいいことを実証しようとして、相手の意見に聞く耳をもとうという姿勢を取らざるを得なくなります。その機に乗じて、A氏は反対派を懐柔することに成功したそうです。

ただし、相手を間違えると、

「なんだと、もう一度言ってみろ!」

となるかもしれないので、相手のことをまずはよく知ったうえで使うべきことを覚えておく必要があるでしょう。

## ラベリング効果を上手に活用するコツ

相手が優柔不断なタイプだとしたら「あなたに結論を期待するのは無理でしたね」などと、ラベリング効果を逆手にとる方法は、情報をしっかり集めてから使わないと危険であることはお伝えしましたが、日常の生活の場でも効果的なラベリングの使い方があります。

子どもに、

「○△君は、とてもよく勉強をするんだってね……」

とラベリングをすると、その子は一生懸命勉強するようになるといいます。

お付き合いをしている男女間で、女性に、

「あなたは浮気なんてしないものね」

と言われた男性は、浮気はしないようにしようという防止策になるといいます。

どちらも、こうなってほしいという願望をラベリングすると、そのようになるというプラスのラベリング効果です。

一方で、マイナスのラベリング効果というものもあります。思春期の少年非行の場合に多いそうですが、ちょっとしたことが元で、

「あいつは悪い奴だ！」

と周囲に決めつけられレッテルを貼られると、そのことから、

「自分はどうせ悪い人間なのだ……」

と思い込み、非行が常習化していく傾向が強くなるそうです。

大人でもよくないイメージのレッテルを貼られれば、悩みもするし過剰に反応してしまうことにもなるのですから、気をつけなければいけません。

人は無意識のうちに身近な相手にさまざまな言葉をかけています。その言葉を受けて相手も無意識のうちに誘導されていることが、ラベリング効果からわかります。

できるだけよい人間関係を築くためには、基本的にはよい言葉がけが大切なのですが、人間心理のウラを読んで、事に当たるというテクニックも時と場合によっては有効だということです。

## ラベリング効果がもたらした悲しい現実

これは本当にあった話ですが、少女の頃から周囲から聡明で美しいとラベリングされ続けていた女性が成長すると、「自分は聡明で美しく、そのうえセレブなのだ」と思い込み、自身を飾りたて、お金遣いが荒くなりました。

その美貌で男性を手玉にとり、貢がせてセレブを気取っていたのですが、やがてそれでは物足らなくなったのか、とうとう詐欺に手を染めてしまうのです。ラベリングをする周囲の人々の期待に応えようと、現実との溝を埋めるために詐欺をしてしまったのです。ラベリング効果がもたらした、悲しい結末です。

**Point**

1・人間にはマイナスな情報はすぐに否定する心理が働く

2・意欲が高まる言葉がけが良い人間関係を築く

ラベリング効果は自己暗示にも効き目あり！

COLUMN1

# 自分の意見が
# 通ってしまう不思議な
# 言葉のマジック

ドン・キホーテに面白い話があります。

ある川に橋がかかっており、そこを通る人は橋の番人に橋を渡る理由を告げなければならないというルールでした。

向こう岸の町へ行くにはその橋しかありません。

橋を渡るとき、番人にウソをつき、そのウソがバレた場合はどんな理由であれ即刻死刑に処されるというものだったのです。ある日、ドン・キホーテがその橋を渡ろうとすると、いつものように橋の番人から、

「この橋を渡って町へ行く理由を述べよ」

と質問。するとドン・キホーテはこう言ったのです。

「私はあなたに処刑されるために渡ります」

困った番人は、

「もういい、勝手に渡るがよい」

と橋の通行を許可したのです。どうして番人は困ったのでしょうか。「処刑されるため」が真実なら処刑はできません。しかし処刑をするとなると、ウソをついたことになるのです。そこで番人は困ってしまったというわけです。

# 第2章

# 相手を思い通りに操るブラック心理学

# 9 先に言ったことより最後の言葉が響く

## ▼選択肢を相手に選ばせて自在に操るテクニック

### 選ばせたいことはあとに言う心理的効果

あなたが何か質問をしたとしましょう。質問を受けた相手は、質問の内容にきちんと答えてくれる人もいれば、なんだかはっきりしないことを言う人もいます。

ＹＥＳかＮＯの二者択一で聞いた場合には、優柔不断でグズグズすることはあっても、さすがにどちらかの答えを出してはくれるでしょう。しかし、ここで自分が相手に期待した答えを都合よく誘導できるようなテクニックがじつはあるのです。

セールスや販売を仕事にしている人は、常日頃から、

「買おうかしら……」

「買うのはやめようかな……」

と迷っているお客さんを目の前にして、できるだけ警戒心をもたれることなく誘導し、

「これ、買います」

と、言わせようとしているわけです。

商品についてあれこれ確認し、いよいよ買うか、買うのをやめようか迷っているお客さんに、どのような言葉をかけるのかが重要となります。

彼らは必ずこう聞きます。

「旦那さん、買いませんか、買いますか？」

というように、自分が選ばせたいほうをうしろにもってくるのです。

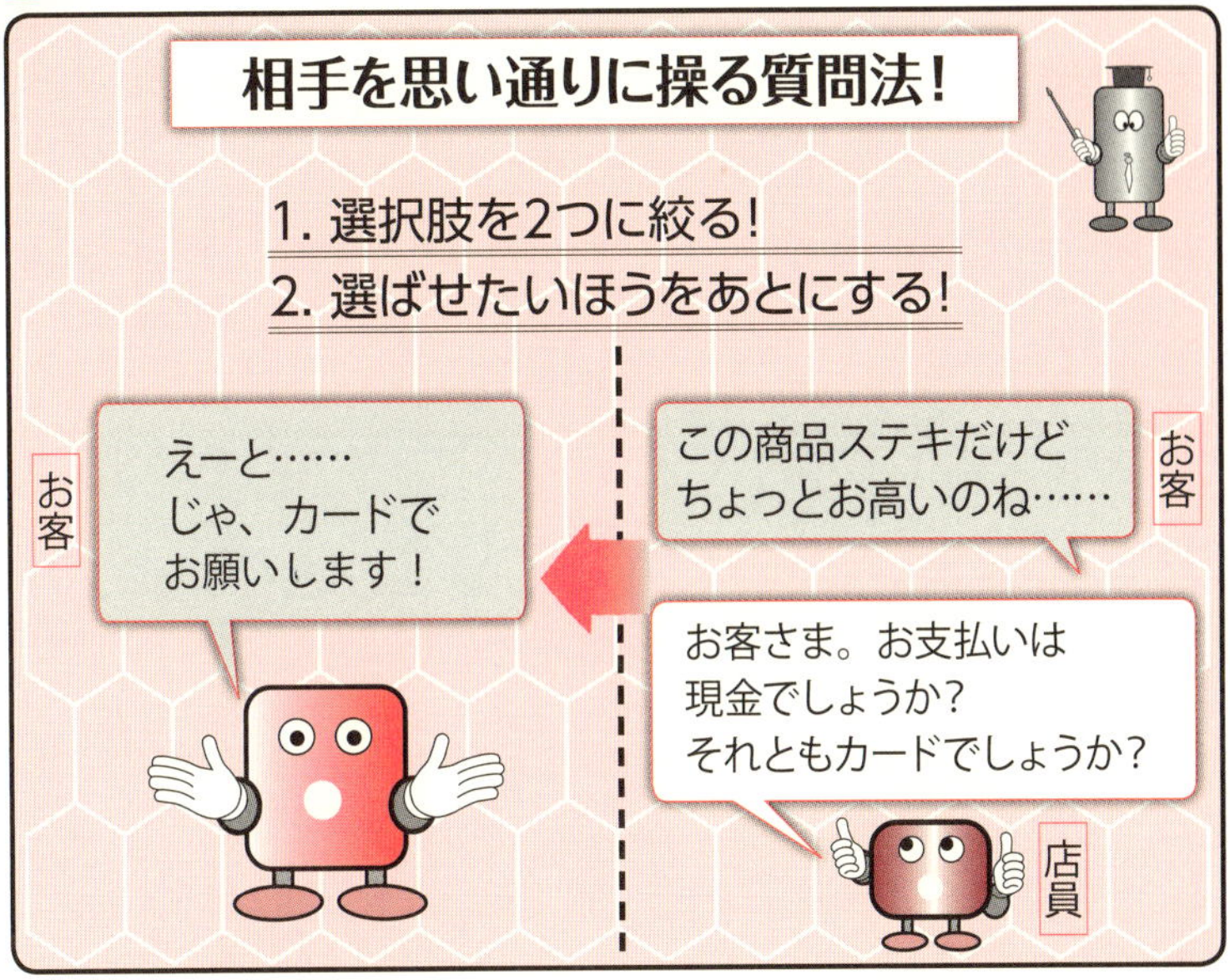
相手を思い通りに操る質問法！
1. 選択肢を2つに絞る！
2. 選ばせたいほうをあとにする！
お客
この商品ステキだけどちょっとお高いのね……
店員
お客さま。お支払いは現金でしょうか？それともカードでしょうか？
お客
えーと……じゃ、カードでお願いします！

するとお客さんは「買います」となるのです。なぜなら人は、**あとに言われた言葉に誘導されて、そちらを選んでしまう**という心理が働くからなのです。

「そんな簡単なことで？」と、驚かれるかもしれませんが、セールスマンや販売員は、長年の経験からこのような人間心理を熟知していて、お客さんに声をかけるタイミングを見計らって商品の販売をしているのです。

そして、この心理テクニックは、ビジネスだけではなく、男性と女性の関係にも十分通用するので、ぜひご活用いただきたいものです。

## 自在に操る究極の口説きテクニック

好意を寄せていた女性と付き合いはじめて何回目かのデートで、おたがいにそろそろ親密な関係になってもいいかな、と思っているとしましょう。

その日は観劇をして、食事をして、静かな雰囲気のいいお店でお酒を飲んで、楽しい時間を過ごしているといつの間にか終電の時間が近づいています。

お酒のせいもあって会話は盛り上がり、このまま帰るのはもったいない気分で、あなたとしてはホテルに誘いたいのですが……。

さあ、あなたならどうしますか？

ここで、

「どうしようか、ホテルに泊まろうか？　それとも帰る？」

と聞いてはいけません。

なんとしても、

「帰る？　それとも泊まっていこうか？」

と言うべきなのです。

人はあとから言われた言葉に引きずられる傾向があるのです。

女性だっていい雰囲気のときに「帰る？」と、聞かれれば失望感を味わうことになります。

「この人ならいいかな……」

と誘われることも少しは期待して、時間を忘れて楽しんでいたのに「帰る？」と言われてしまっては、裏切られた感がするかもしれません。

しかも「帰る？」と聞かれて「いいえ、今夜は帰りません」と、答える女性は少ないのではないでしょうか。

ところが「泊まっていこうか？」と言われたら、黙ってうつむいていれば「ＯＫ」の意味にもとれるし、「うん」と首をたてに振るだけでも意思表示になります。

## 女性の気持ちを酌み取ることができるか試されている

女性の心理は複雑でデリケートなものです。

「この人なら……」と思っていたとしても、「今日はホテルに泊まろう」と強引な誘い方をされたら「何、この人、自分勝手な人……」ということになってしまいます。

また女性の側から「今日はホテルに行きましょう」とはまず言いません。

だからこそ、

「帰る？　それとも泊まっていこうか？」

という聞き方がとても重要なのです。

女性の意思を尊重するかのように振る舞いながら、結局は自分の意図する選択肢を選ばせ、思い通りになるこのテクニックは、究極の口説きテクニックといえるのではないでしょうか。

男性は、女性と比べると思い込みが激しい傾向があるので、どうしても自分中心に物事を考えがちです。

男性が、いかに相手の気持ちになって物事を進めることができるか、試されていることでもあるのです。

**Point**

1・人はあとから言われた言葉に誘導されやすい

2・選択肢は相手に選ばせるものの思い通りに操る

人たらしは口説きテクニックがうまい！

# 10 初対面では共通の話題で親近感をもたせる

▼おたがいの一致点が演出する信頼関係

## 会話の中で共通点を探し信頼関係を築く

初対面の人と話をするのは難しいものです。まずどこから話しはじめたらよいのか見当もつきません。それでも軽く会釈などすませたら、「今日はどちらのほうからですか？」「地下鉄ですか？」などと当たりさわりのないところから、ともかく相手との会話の接点を見つけだそうと恐る恐る話しかけをするものです。

相手の情報を聞きだすことによって、何か共通する話題を見つけてスムーズな会話へと発展させることが目的だからです。

しかし同じ初対面といっても、ビジネスの場面ではこのようにのんびりしているわけにはいきません。かといって、名刺交換をしたばかりの取引先の担当者に、矢継ぎ早に質問を浴びせかけるなどということはなおさらできません。相手に嫌がられてしまいます。

そこでどうするかというと、仕事の本筋からはずれない程度に、話の合間にあなたの個人情報を散りばめてみるのです。

「私の出身地○△では……」とか「大学時代は山岳部で、日本中のほとんどの山に挑戦しましたよ」などと言うと、相手から「君も関西出身なのかね」「それなら○△県の○×岳も登りましたか？」と、一気に会話の糸口が見つかってそ

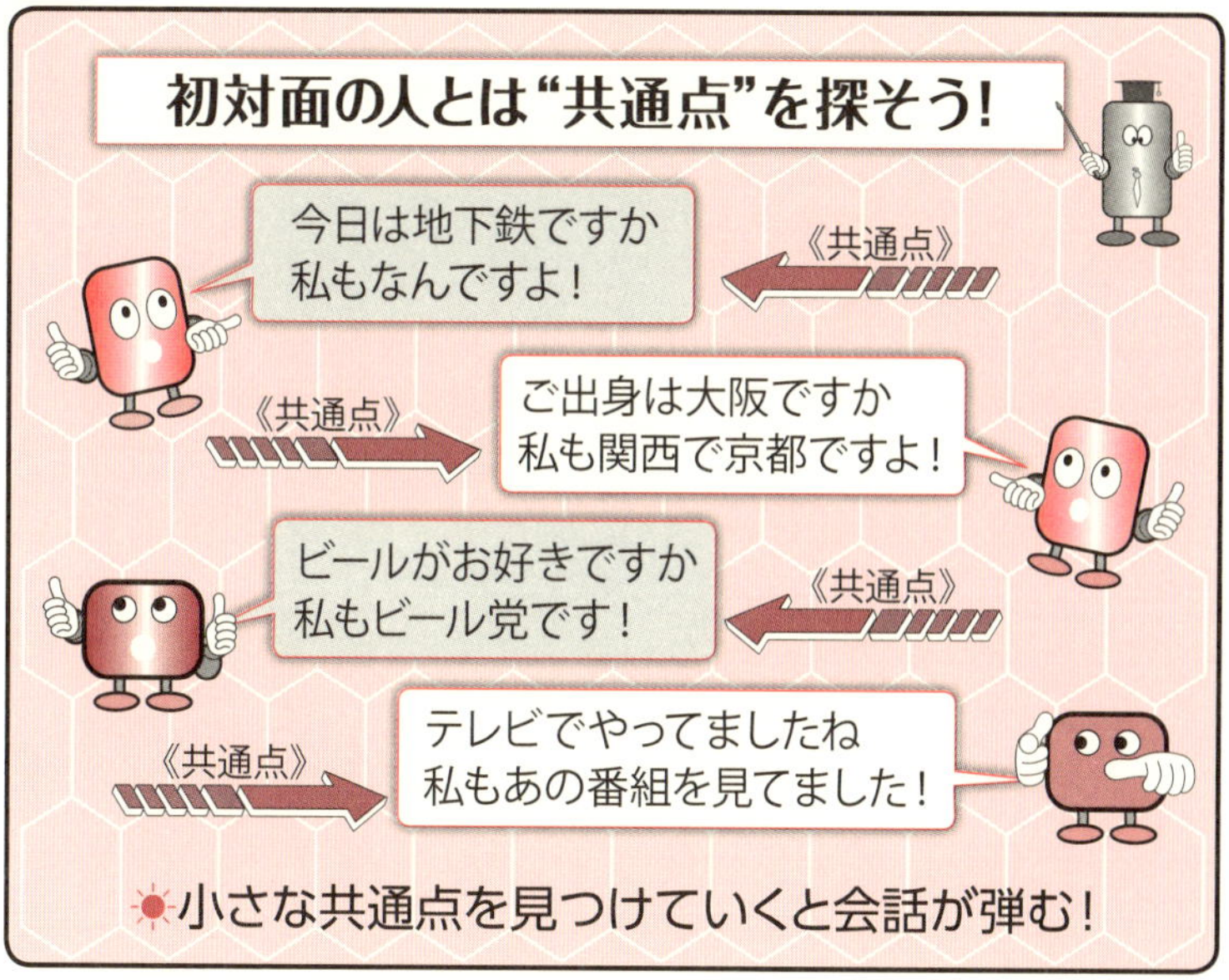
初対面の人とは“共通点”を探そう!
今日は地下鉄ですか
私もなんですよ!
《共通点》
ご出身は大阪ですか
私も関西で京都ですよ!
《共通点》
ビールがお好きですか
私もビール党です!
《共通点》
テレビでやってましたね
私もあの番組を見てました!
《共通点》
小さな共通点を見つけていくと会話が弾む!

れからの交渉にも弾みがつくというものです。

〝類は友を呼ぶ〟ではないですが、心理学には**「類似性の法則」**というものがあります。自分と同じ考え方をする人、似たような境遇の人、人生観や価値観が似ているなど、どのようなことでもいいのですが、類似性があると相手に好意をもち、安心感が生まれ、信頼関係を築きやすくなるというものです。

ビジネスでも男女の関係でも、人とのつながりは信頼関係がなければうまくはいきません。その大切な信頼関係を築く第一歩は、まず相手との共通点を見つけることです。

どんなに小さなものでもいいので、共通する何かを探しだしてつながりをもつことから始まるのです。

## 対立する相手とも一致点を見つけると仲良くなれる

人がおたがいに共通する何かからつながりを

もって関係を深めようというのは、難しい心理テクニックではなく、人間としてごく自然の心理です。

趣味でも住んでいる所でも、家族構成でも、出身地でもなんでもいいので共通するものがあれば、そこから会話は円滑に広がりをみせていくものです。

男女の場合は特にそうですが、人と人は会う機会が多ければ多いほど好意をもつようになる心理があり、それを**「単純接触心理」**と呼びます。会わなければ、好きになるどころか関係はそれでおしまいになってしまうのです。

また、意見が対立している相手には役に立たないと思われるかもしれませんが、それがそうでもないのです。

会議の席で反対意見を言う相手の話の内容をよく聞いて、ほんのちょっとでも共通するものを見つけたら、

「そこ、そこですよね」

と一致する姿勢を強調すると、結論は対立しているとしても、同じように考えているところもあるのだなと、相手もかたくなな気持ちを開いて歩み寄りをみせることにもなるのです。

## 共通する話題に窮したら食にまつわる話で試してみよう

知り合いの営業マンに、

「人には必ず共通するものはある」

と豪語するものがいます。彼に言わせると、食の話から始めると共通する話題へと簡単にたどり着くそうです。

「この季節は○×がおいしくなりますね」

「最近、油ものを控えています」

と、季節の話題や健康、出身地の名物やおいしい店の場所など必ず何かがひっかかります。そうなれば、ここぞとばかりに日頃の知識を相手に合わせて話題としてしまうのです。

百戦錬磨の営業マンと一緒にはできませんが、

共通する話題が見つからないと困ったら、食の話をしてみるのは確かにひとつの方法かもしれません。

最近は食の情報には事欠きません。テレビなどでも、おいしいものを食べ歩いたり、旅と地方の名産品を紹介する番組などが、毎週と言っていいほど頻繁に放映されています。

食と健康の話題も、高齢化社会に伴って予防医学的見地から、さまざま取りざたされています。相手の様子を探りながら、食と何かを関連づけて話を広げることは、そう難しいことではないかもしれません。

実際、その営業マンは、食の話から健康の問題、そして病気の専門医の紹介にまで話が進み、以来長年の信頼関係が続いている顧客がいるそうです。

人はともかく話をしてみなければ何も生まれることはないのですから、小さな共通点を大切にしなければいけないのです。

**Point**

1・信頼関係の第一歩は、相手との共通点を見つけること

2・対立する相手との間にもちょっとした共通する話題を見つける

小さな話題探しが信頼関係の第一歩！

# 11 親密度がアップする魔法の会話術

▼心の距離を縮める別れ際のひと言

## 親密度がカンタンにアップする驚きの会話術

言葉がコミュニケーションの手段であることはいうまでもありませんが、人と人との心理的な距離を測るバロメーターの役割を果たしていることは、案外理解されていません。

たとえば、初対面の人とはかしこまって話しますし、年配者であれば相手を敬う言葉を用います。また関係が親密になるにしたがって、よそよそしい言葉遣いからなれなれしいものへと変化します。

おたがいを「○×さん」と、さんづけの姓で呼び合っていた男女が、名前を呼び捨てにするようになると、二人の関係が親密度を深めていることがわかるといった具合です。

心理学用語に「近接度」というものがあります。相手との会話内容の距離を表す言葉で、近接度が高いと親近感が増すので、親しくなるためにはできるだけ心理的距離を縮める言葉を使い、近接度を高めるようにします。

たとえば、あることで話し合いをしていましたがどうしてもまとまらず、次回に改めて場を設けることになりました。

その際に、

「またお会いしなければなりませんね」

と別れるのと、

「また、お会いしましょう」

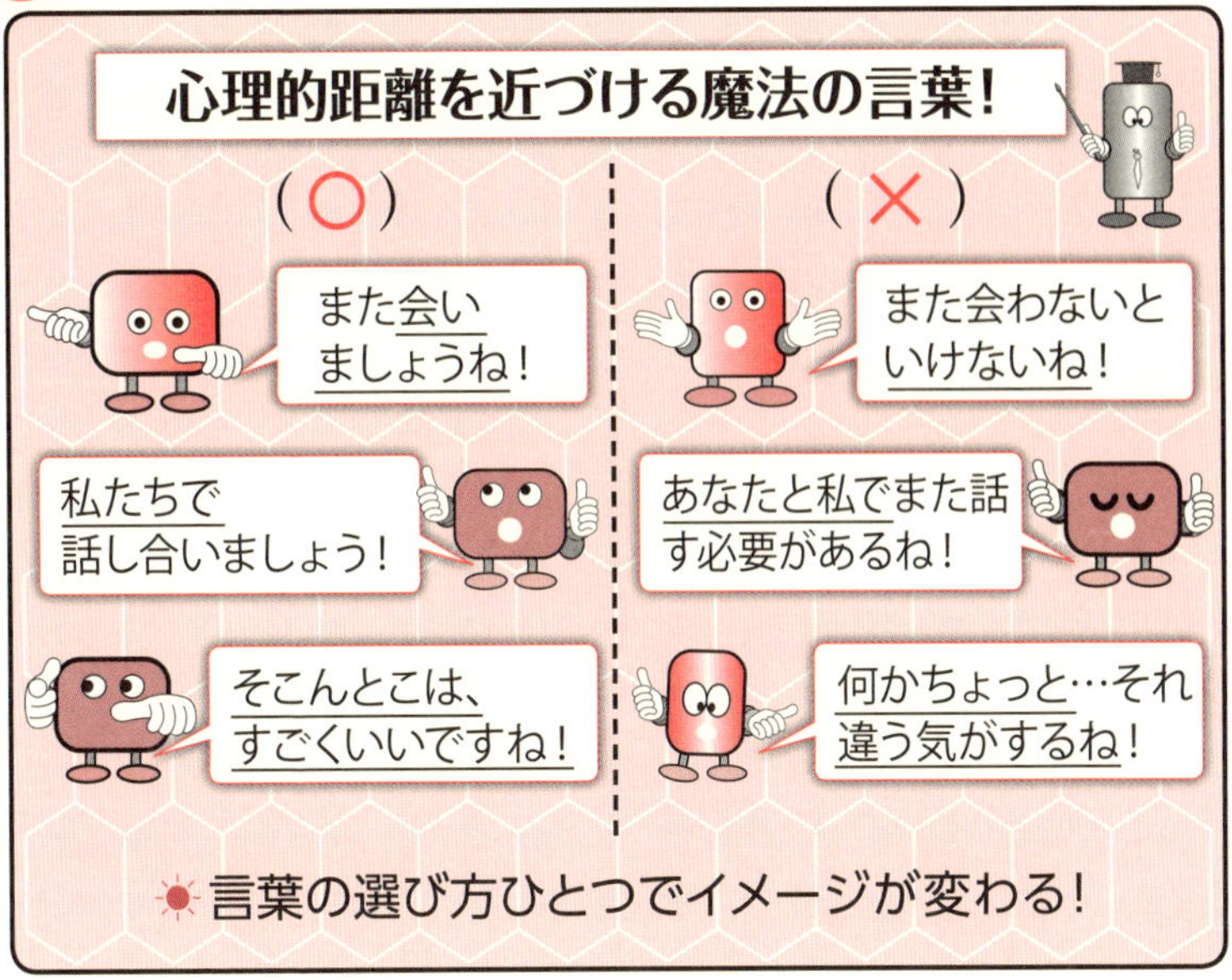
心理的距離を近づける魔法の言葉！
（○）
（×）
また会いましょうね！
また会わないといけないね！
私たちで話し合いましょう！
あなたと私でまた話す必要があるね！
そこんとこは、すごくいいですね！
何かちょっと…それ違う気がするね！
言葉の選び方ひとつでイメージが変わる！

と言うのとでは、相手の印象はかなり違ってくるものです。

「また、お会いしましょう」

と言われれば相手は「私と会うことは嫌だと思っていないのだな」と思うでしょう。

一方、

「またお会いしなければなりませんね」

と言われた相手は「本当はもう会いたくないんだな」となります。

ちょっとした言葉の選び方ひとつで、相手の受ける印象がこのように違ってしまうのですから、気をつけなければいけません。

「あなたと私でもう一度話し合う必要があるようですね」ではなく、「私たちで腹を割って話し合いましょう」と言うだけでも、二人の関係は近く感じられるはずです。

「あなたと私」より、「私たち」といった使い方のほうが近接度が高いのは、二人の間に共同意識が芽生えるからです。

ささいなことのようですが、相手が親近感を抱いてくれる言葉を意識することで、心理的な距離がグンと縮まることは間違いありません。

## プレゼンで使える2つのテクニック

近接度の高い関係にもっていくためには、相手の気持ちを考えて上手な話し方をすることが求められます。

話し上手な人というと、会社でも何かの集まりでもいつの間にかみんなの輪の中で楽しそうにおしゃべりをしているイメージがあります。

話し上手といわれる人には、それなりのテクニックというものがあるのです。

会話が上手な人は異性にもてますし、商談や会議の席でも周囲の人の心をグッとつかんでしまい、交渉もうまくいきます。

そんな話し方があるなら誰でも試してみたいはずです。

基本的な手法のひとつに「**クライマックス法**」と「**アンチ・クライマックス法**」があります。

「クライマックス法」は、順を追って説明をしていき、結論は最後にもっていく一般的な話法で、いいイメージが結果的に残るという利点があります。

対する「アンチ・クライマックス法」は、最初に結論を話してしまってから、その理由を説明するので結論がかなりインパクトのあるものに限定されます。そうでないと「結論はわかったからもういいや」となってしまいます。

話の内容によって使い分けなければ効果を期待するのは難しいでしょう。

## 話し上手といわれる人がやっていること

話し上手な人とは、自分勝手にしゃべるのではなく、相手の様子を意識して相手の状況に合わせながら話を進めることを理解している人ということになります。

話し上手な人のもうひとつのポイントに挙げられるのが、マイナスイメージの言葉はできるだけプラスのイメージにつながるような単語に言い換えることです。

たとえば「うまくいかなかったらどうしよう」というマイナスイメージの言葉は「うまくいけば自信になる」とプラスイメージで表現します。

同様に「もう疲れた」は「もう一息で終わる」、「自分にはできない」は「できる方法は探せばある」という具合です。

**言葉のもつ力とは不思議なもので、プラスイメージの言葉を使うと、物事はプラスの方向へと向かう**といわれます。

話を聞いている人は、プラスイメージの言葉に影響されて、自分の思いや行動が良いほうに変わるような気がするのかもしれません。

**Point**

1・心理的距離を縮める言葉で近接度を高める

2・話し上手な人は基本的なテクニックを知っている

ポジティブ・シンキングで前向きな生活を！

# 12 約束の時間より5分早く行くプラス効果

▼相手に主導権を握らせない心理テクニック

## 時間厳守は じつは自分のためになる

約束の時間に遅れてしまったビジネスマンは、仕事以前に人間性が疑われます。

プライベートでの待ち合わせなら、遅刻したところで「ごめん、ごめん」ですむかもしれませんが、ビジネスにおいては会社と会社の問題であり、時間は営業＝時は金なりです。

待たせれば、その分相手の時間を奪っているわけですから、お金を奪っているという考え方も成り立ちます。

待ち合わせ時間に少し遅れたくらいで大きな問題に発展することはないだろうと高をくくっているという、とんでもないことにならないとも限りません。相手が何を考えているのかはわからないのですから、要注意です。

待ち合わせ時間を守るというのは、社会生活を送るうえでの基本ルールですから、これを破るようだと「この人、仕事はできるのかな、スケジュールの管理は大丈夫かな」と、あらぬ詮索をされることにもなります。

社会人であれば時間に遅れないことは当然で、約束の時間より5～10分前には相手より先に着いていることが望ましいのです。

相手に失礼になるからとか、敬意を表すとかといったこともあるかもしれませんが、それは

**遅刻すると主導権を相手に握られる!**

すみませーん!
電車が遅れましてーっ
……
……
そのうえ道にも迷っちゃいまして…
早速ですが納期の件につき…

心理的優位性は「先んずれば人を制す」にあり!

表向きのことで、本当のところは自分のペースでこれからの打ち合わせに臨む態勢づくりに有利になるからです。息せき切って時間ぎりぎりで待ち合わせ場所に飛び込むようでは、先にきている相手にこれからの交渉の主導権を握られてしまいます。

相手より先に到着しているだけで「主導権は私にあります」という無言のプレッシャーになるのです。

先に到着しているという心理的優位性は〝先んずれば人を制す〟の言葉通り、その後の交渉のカギを握る重要なテクニックであることを覚えておきましょう。

## 遅れてきた相手に主導権を与えない反則テク

では遅れてきた相手に対しては、どのように対処したらいいのでしょう。

こちらは先にきているのですから、相手が謝罪しようが弁解しようが、大きな気持ちで受け止めてあげればいいと思うのですが、ここではあえて頭を下げてきても、言い訳をしても付き合わず、自分のペースで事務的に話を進めてしまう方法が、時として効果的なのです。

相手は恐縮してひたすら遅れた理由を説明し、理解を求めようとするでしょう。

遅れた理由をわかってもらい、詫びることで気持ちを切り替えて交渉に入りたいのでしょうが、その機会を与えてもらえないと、気持ちの整理がつかない状態で最後まで負い目を感じながらの交渉ということになります。

こちらは相手の弁解に応えないだけで、責めたり嫌味を言うわけではないので、かえって行き場のない不安にとらわれた状態のまま、自分のペースを立て直すことができずに終わってしまうわけです。言い換えると、こちらの思い通りに交渉を進めることができるのです。

あまり好ましいとはいえない、いわば反則のようなやり方かもしれませんが、時間を守るという社会人としての最低限のルールを破ると、こんな怖いしっぺ返しに遭わないとも限らないので、あなたがこんな仕打ちをされないように、時間厳守は肝に銘じておきたいものです。

それでも、どうしても時間に遅れてしまうことがないとはいえません。そのようなときには、連絡もなしに遅れて行くのではなく、遅れる理由を事前に連絡するのがベストです。

## 遅れることはよくないと知りつつ遅れる人の心理とは

時間を守ることは社会人として当たり前、と思っているのに遅刻をしてしまう人の心理とは、どのようなものなのでしょうか。

心理学的見地からすると、このような人は罪悪感を強くもった人や「自分は必要とされていない人間なのだ」という潜在意識のある人だといいます。

潜在意識のために、遅刻をして謝罪することで、罪を償っているような気持ちになるのです。

また、自分は必要とされていないと考えている人は、自分には大した価値があるわけではないのだから、遅刻をしたって大勢には影響はないと思うのだそうです。

潜在意識によってマイナス思考にはまってしまっているわけですから、もし同僚にこんなタイプの人がいたら「いつも遅刻してダメじゃないか」と責めるのではなく、「お前がいると助かるよ」「お前を頼りにしているよ」と、伝えてあげるとよいでしょう。

**「自分は必要とされているんだ」と考えられるようになると、遅刻をしなくなる**のです。

なんらかのトラウマを抱えた人ですから、人から責められると、ますますかたくなになってしまうかもしれません。

**Point**

1・約束の時間より早く行くのは打ち合わせの主導権を握るため

2・遅れてきた相手には厳しいしっぺ返しが待っている

## たった5分がもたらす大きな効果！

13

# 人間の深層心理を利用する振り込め詐欺

▼詐欺師が使う人間の深層心理の悪用手口

## 人間心理を手玉に取った詐欺師の手口

電話口で息子や孫を騙《かた》って「オレオレ……」と高齢者をだます単純なものから、ニセの警察官やニセの弁護士まで登場する「劇場型」といわれるものまで、詐欺の手口は巧妙化する一方です。また、ひどいことに同じ被害者が二度三度と被害に遭うケースもあとを絶たず、一向にその被害が減りません。

息子や孫に、

「会社のお金を紛失したからなんとかして！」

「交通事故を起こしてしまったから示談金を用意して！」

と泣きつかれた高齢者は、息子や孫の窮地をなんとか救いたい親心から、あと先を考えずに振り込みに走ってしまいます。

お金を紛失したり、示談金が必要だとしても、すぐに振り込まなければならないなんてことはあり得ないと、少し冷静になってみればわかるはずです。ところが、思いもかけない身内の窮状を突然知らされパニック状態になってしまうと、かわいい息子や孫を助けなければと必死になる身内の心理に付け込まれ、相手の意のままに支配されてしまうのです。

確認の電話一本を入れる冷静さがあれば、だまされるようなことはないのですが、人の心理を手玉に取る詐欺師にかかるとコロッとだまさ

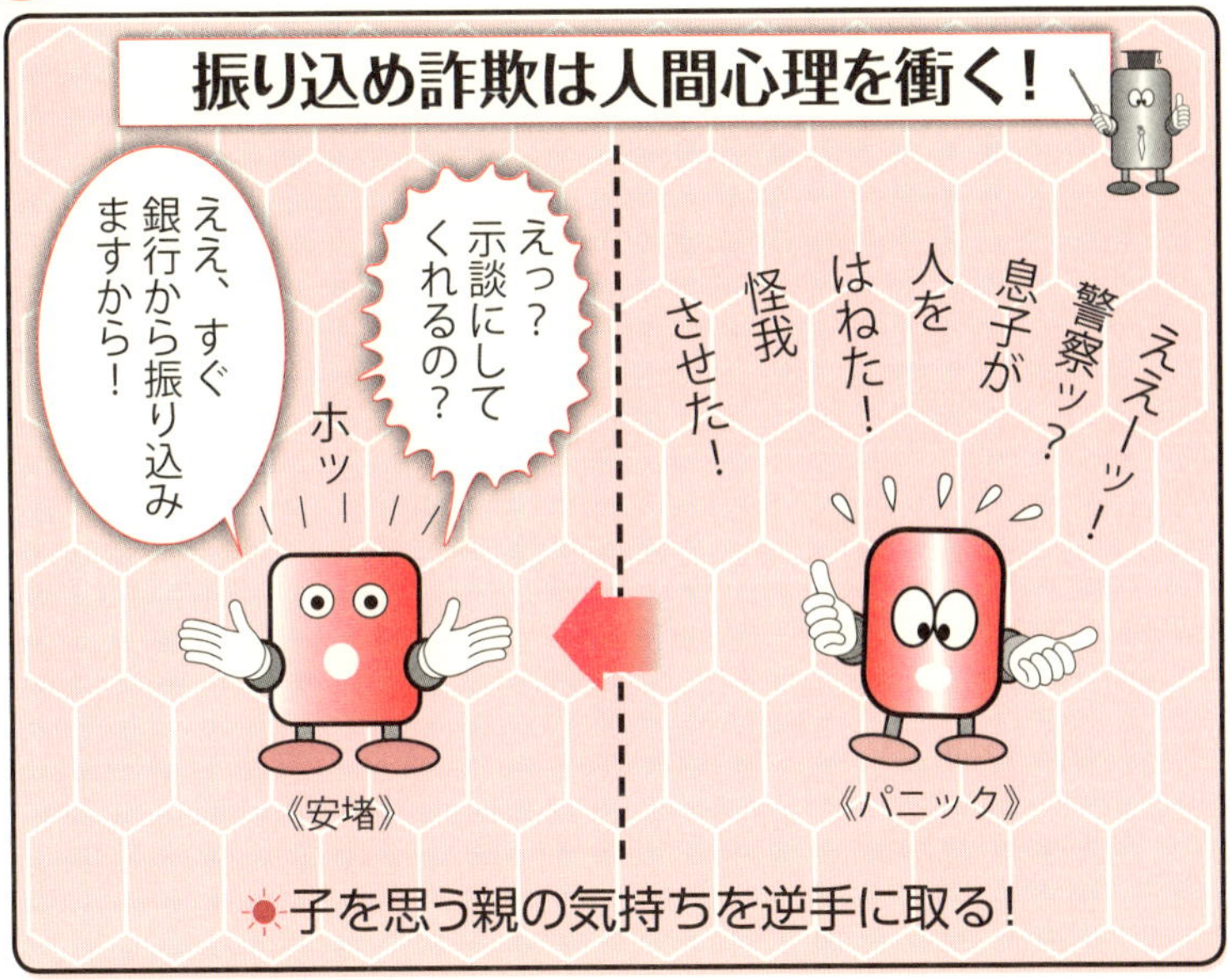
振り込め詐欺は人間心理を衝く！
ええーッ！
警察ッ？
息子が
人を
はねた！
怪我
させた！
《パニック》
えっ？
示談にして
くれるの？
ホッ
ええ、すぐ
銀行から振り込み
ますから！
《安堵》
子を思う親の気持ちを逆手に取る！

れてしまうのが、こうした詐欺の特徴です。

なかでも最近増えているのが、いろいろな役割の人物が登場する「劇場型」といわれる手口です。

最初に警察官と名乗る相手から、

「お宅の息子さんが交通事故を起こして、相手の方が負傷されました。息子さんは取り調べ中なので電話に出られませんが、弁護士さんから連絡がいくと思います」

ほどなくして弁護士と名乗る人物から電話がかかってきて、

「相手の方が示談に応じてくださるようなので、示談金○△万円を振り込んでください」

などと息子本人は電話口に出なくても、事故の状況が手に取るように説明されるのです。

電話を受けたものは頭が真っ白になってしまい、正常な判断能力を失っているところに、示談と言われると、ともかくよかったと安心して、振り込みをしてしまうようです。

## 振り込め詐欺から劇場型詐欺まで計算された卑劣なやり口

劇場型詐欺は、警察官や弁護士という権威のある肩書きを名乗られると、人はそれだけで相手を信じてしまいがちなことに目をつけた手口で、心理学では**「威光効果」**といいます。

警察官や弁護士のほかには、医者、司法書士などを名乗るケースがみられ、いずれも社会的に信用のある職業なので、被害者は疑いをもたずに振り込みをしてしまうのです。

また、突然ダイレクトメールを送りつけられて、利回りの良い投資商品や未公開株を、

「あなただけにお得なお知らせ！」

と甘い言葉で勧誘され、少ない老後の資金を少しでも増やすことができたらと、投資に振り込んでしまい、気がついたら詐欺にひっかかっていた……という高齢者もあとを絶ちません。

あなただけが特別な存在と思い込ませて投資に誘い、投資金をそっくり奪っていく手口は、「自分だけが特別に選ばれて、得をしよう」という人間の潜在的な欲に付け込んだものです。

還付金詐欺といったものも「ATMで手続きをして、還付金を受け取ることができます」と電話をかけ、医療費や国民健康保険料が還付されるのでATMに行くように指示し、偽りの振込操作をさせてだまし取るなど「戻ってくるものがあるならもらいたい」という欲に凝り固まった人間心理を見抜き、計算されつくされた詐欺の手口なのです。

一度詐欺に遭った人は、

**「被害額を取り戻すことができます」のひと言で、再度だまされてしまう**というのですからたまったものではありません。

善良な市民を狙い、人間心理の潜在意識を巧みに操り、餌食としていく詐欺師の手口は、予想もつかないほどに手が込んだものとなってい

て、「私だけは大丈夫」はもはや通用しません。

誰でも詐欺に遭う可能性があることを、知っておかなければなりません。

## 人の心理に付け込んだだましのテクニック

振り込め詐欺師は、最初に電話で相手の弱点を衝き、冷静な判断力を失わせます。

次に切羽詰まった状況を演出して、あわててお金を振り込むように追い込んでいきます。

そのため振り込め詐欺の電話は、午前11時頃から午後2時頃までの時間帯を狙ってくることが多く「今日中に振り込んで」という指示は金融機関の入金可能な午後3時までにあまり時間的余裕がないところで、さらに冷静な思考を奪ってあわてさせる作戦なのです。

どれもこれも、人間心理に付け込んだ巧みなテクニックです。詐欺に遭った人のなんと80％が自分は大丈夫と思っていたと言うのですから…。

**Point**

1・人間の深層心理に付け込んで判断力を奪う詐欺師の手口にだまされるな
2・権威ある肩書き「威光効果」の利用で信頼度を高める手口には要注意

甘い言葉と儲け話はマユツバもの！

## 14 詐欺師の手口から学ぶ悪の心理トリック

▼潜在意識のなかにある人間心理と行動パターン

### 人間の欲望を巧みにとらえて相手を誘導する

前項でも述べたように、オレオレ詐欺や還付金等詐欺などは、最近新聞やニュースでよく取り上げられているので、ご存知の方も多いと思います。なかでもオレオレ詐欺はこの手の詐欺の走りとして登場し、高齢者から子どもまで今や知らない人はいないでしょう。

それなのに、なぜオレオレ詐欺にひっかかってしまうのでしょうか。それは詐欺師の手口とは、それほど巧みだということで、人は知らないうちに潜在意識のなかにある人間心理を悪用されているということなのです。

オレオレ詐欺の場合、親は子どもや孫に対して、常日頃から潜在意識のなかで、

「何かあったときには私がなんとかしてあげなくては……」

と思っているのです。

そこに目をつけたのがオレオレ詐欺で、子どもや孫がかわいい高齢者は見事にだまされてお金を振り込んでしまうのです。

ある日突然、身に覚えのない請求書が届きます。

「覚えはないけれど、たいした金額ではないし、面倒だから払ってしまおう」

と、面倒なことはできるだけ避けたいという

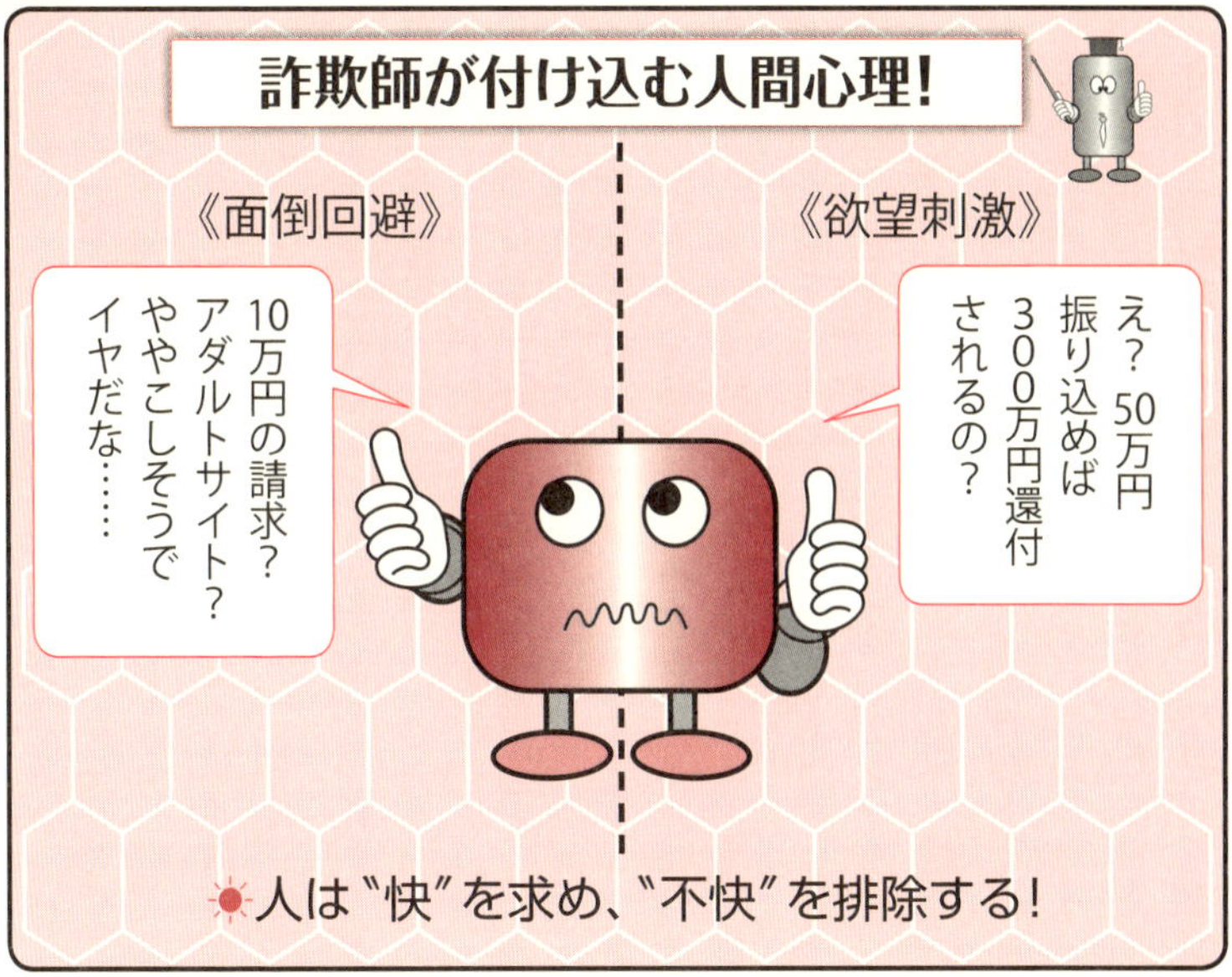
詐欺師が付け込む人間心理!
《面倒回避》
10万円の請求?アダルトサイト?ややこしそうでイヤだな……
《欲望刺激》
え? 50万円振り込めば300万円還付されるの?
人は〝快〟を求め、〝不快〟を排除する!

潜在意識に働きかけるのが**「架空請求詐欺」**です。

人はできたら楽をしてお金を増やしたいと、誰でも思っているものです。そんな潜在的な欲望を刺激するのが**「還付金等詐欺」**です。詐欺師は人間の潜在意識や欲望に熟知していると心得ておくべきです。

こうした詐欺はいずれも最近のケースですが、寸借詐欺や結婚詐欺、保険金詐欺などはずいぶん昔から存在している古典的な詐欺です。そして詐欺に遭った人が口をそろえて言う言葉が、

「あの人が詐欺師だったなんて、信じられません」

なのです。考えてみれば当然のことで、怪しい雰囲気を漂わせていたら警戒されてしまい、人をだますことはできません。

**詐欺師こそ人当たりがよく、見るからによい人を装ったしぐさや言葉遣いをして、怪しまれるようなことのないように振る舞っている**はずです。

そのうえ、第一印象が好感をもたれるように意識して信用を得るよう立ち回っているのです。

初対面の人に好印象を与えるために詐欺師が注意しているポイントは、ビジネスや日常生活でも役に立つはずなので、詐欺師の行動から逆に学んでみることにしましょう。

## 詐欺師から学ぶ相手を信用させる三つのポイント

相手に好印象を与えるための**ポイントの第一は「外見」**です。人はどうしても容姿や服装で相手を見てしまうものですが、外見＝第一印象と思っている人がほとんどではないでしょうか。

真面目な公務員タイプとか、学究肌の趣味人とかの表現は、人が見た目からの印象をもとにして勝手に想像をたくましくしているものです。

詐欺師にとってはこれこそ好都合ともいえることで、一般的なイメージに則した雰囲気を演出し、あるときは大企業の役員や部長、舞台演出家や実業家などと、その場に合わせて役柄を演じ分けるのです。

**二つ目のポイントは「人格と性格」**で、言葉遣いや立ち居振る舞いなどから受ける全体の印象のことです。横柄な態度で教養のない話題を取り上げているようでは、人を惹きつけることは難しいでしょう。

落ち着いた物腰や優しい口調、節度のある態度などが好印象を与えるものです。全体の雰囲気がよいものであるなら、外見のちょっと不足している部分を補う可能性さえあるので重要なポイントです。

そして**三つ目は「社会的地位や評判」**です。事前に「実家は資産家らしい」とか「政治家に人脈があるらしい」などの情報を流しておくことで、初対面の際に相手はよいイメージの先入観を抱いていてくれるということです。

この事前情報は、第一印象で好感をもってもらえるポイントが高く、前の二つであまり得点を稼ぐことができないとしても、これだけで相手を信用させてしまう強いパワーがある非常に重要な要素です。

## 最近増加している結婚詐欺の落とし穴

ここのところ、結婚相手を見つけるためのお見合いサービスなどが普及することで、結婚詐欺の件数も増えています。

結婚詐欺の被害者の半数は、このお見合いサービスや出会い系サービスの利用者だといいます。ここでも結婚をしたい女性の心理に付け込み、詐欺師が暗躍しているのですが、詐欺師いわく「女性は肩書きに弱い」そうです。

「それらしく振る舞えばだませる」と言わせる背景には、社会的地位で信用させる手口の典型的なパターンに、人はいかに弱いかを表しているということになります。

**Point**

1・詐欺師ほど紳士的に振る舞い、怪しいと思わせないもの

2・詐欺師の行動パターンは信用を得るために計算しつくされている

人間心理で誘導するのが詐欺師の手口！

# 15 相手を自分のペースに導く質問テク

▼交渉事がうまくまとまる絶好のタイミングと話法

## 自分が望む答えに誘導するテクニック

デパートの売り場でセーターを探していると、気に入ったものが見つかったのに、サイズが合わないようなので店員さんを呼ぼうかなと思ったちょうどそのときに、

「お探しのものは見つかりましたか？」

と近づいてくるタイミングの良さ、誰でも経験したことがあるのではないでしょうか。

このタイミングの良さは決して偶然などではなく、客の行動を離れたところで見ていて、

「今だ！」

という瞬間に声をかけにきたのです。

こちらの必要なときに声をかけられると悪い気はしないもので、

「じゃ、これいただきます」

となります。

セールスや販売を仕事にしている人の場合、この心理テクニックを駆使してお客を自分の思いのままに操り、誘導しているケースがあります。

テクニックのひとつで、自分の望むほうに相手の気持ちを誘導してしまう**「自己説得」**にも ち込む説得法です。

「お客様、こちらをお気に入られたとはお目が高い。この製品はこのシーズン当社いち押しの品ですが、どういったところがお気に召されま

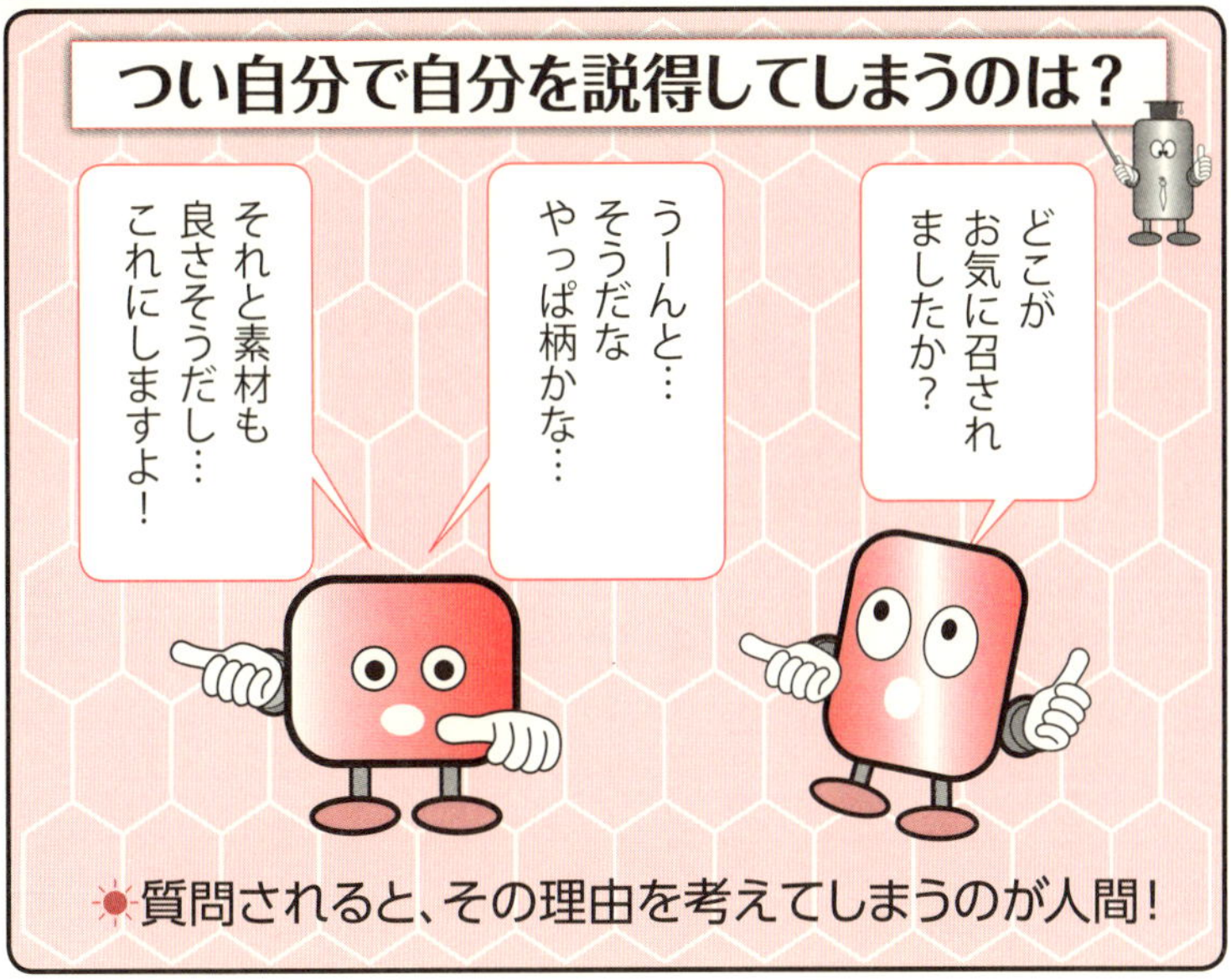
つい自分で自分を説得してしまうのは？
どこがお気に召されましたか？
うーんと…そうだなやっぱ柄かな…
それと素材も良さそうだし…これにしますよ！
質問されると、その理由を考えてしまうのが人間！

した？」

「どういったところって、この柄かな……」と、客が製品の良さを自分から説明しだすのです。ここまでくると販売員の思うツボ。

そこから先は、

「この製品は、素材の良さが……」

「お値段的にも……」

とお勧めの言葉に押しまくられて、気がつくと、「お買い上げ、ありがとうございました」ということになっています。

これは、相手から質問の形で尋ねられると、人は理由を考えて答えてしまうという心理をとらえた巧みなテクニックなのです。

興味のないものを勧められたり、強引に押しつけられたりすれば、人は反発したり警戒心をもちます。ところが説得法では、自らが製品の良いところを販売員に説明してしまうのです。

この手法は販売だけではなく、会議や交渉の席でも十分通用するので、ぜひ活用していただきたいものです。

## 主体性を尊重して相手を思いのまま操る

「セーターがほしいな、ちょっと見てみよう……」

と軽い気持ちで店に入ったのに、

「どういったものをお探しですか?」

「サイズはおいくつですか?」

などとうるさく付きまとわれると、それに嫌気がさして「この次にします」と、店を飛びだしてしまうのとは大違いの「自己説得」には、主体性が尊重され相手から押しつけられた印象がまったく感じられることがありません。むしろ、販売員とあれやこれや言っているうちに、製品に対して購入する前から愛着がわいてきたりするものです。

反対にお客が薄手のセーターを探しているのに、販売員のなかには、

「これ、今年の流行です、いかがですか?」

「これは今人気です」

「こちらがいちばん売れている製品です」

などと、客の目的とは関係なく的はずれの話しかけをする人がいますが、これはあまり歓迎されません。

ところが客がほしいと思っているポイントに合った、

「薄手のものですから着膨れしなくて、重ね着も大丈夫ですよ」

のような声かけをされたら、

「これにします」

と即答してしまうかもしれません。

これは心理学でいう「**ピグマリオン効果**」という現象の表れで、客が購入したいと思っている理由に合ったところを勧められると承諾してしまう心理です。

逆に自分の期待にそわないことはいくら言わ

れても耳に入るどころか、反射的に「結構です」となってしまうのです。

## 相手の期待にそう言葉がけは客をよく観察してから

言葉がけはただ機械的にするものではなく、大切なのは相手が求めているものに応えるきっかけとなる内容です。

そのためには客の行動をよく観察して、求めているものに少しでもかかわる言葉がけを探すことです。思いつきでやみくもに言葉をかけたところで客の期待には応えられません。

声をかける以前に、店に入ってきた客の様子を観察するところから、セールスはすでに始まっているのです。

**客の求めている製品がどのようなもので「期待」がどこにあるのか**をすばやく見つけて、適切な声をかけ、客を思い通りに操ることができる人が、できるセールスマンといえるのです。

**Point**

1・自分の望むように相手を説得してしまう話法がある

2・的を射た言葉がけは相手の期待にそったものであること

上手な質問ひとつで交渉はうまくいく！

16

# ついロを滑らせてしまう誘導テクニック

## ▼相手の弱点が聞きだせれば自在に操れる

### 聞き上手になって相手にしゃべらせる

心理学の世界では、自分がどのような人間なのかを伝えることを「**自己開示**」といいます。人と人が親密になるためには、自己開示はとても大事なことと考えられています。

なぜなら、ある人に対して、自己開示＝自分はこのような人間です、と秘密を伝えられた人は、

「自分のことを信用してくれているのだな」

と受け取り、その人もまた相手に自分の秘密を自己開示し、おたがいに信頼関係が築けるのです。

では、信頼関係がなくても相手から秘密を聞きだす方法はないのでしょうか。

人が何かの話に夢中になると、つい言わなくていいことを言ってしまい「口を滑らせる」ことになります。

あわてて、

「ここだけの話だよ……」

と言ったところで、時すでに遅しで、

「わかったよ。誰にも言わないから詳しく話して……」

と結局詳細について話さざるを得なくなってしまうなんてことは、誰もが経験したことがあるはずです。

つまり相手の秘密を聞きだそうと思うのなら、

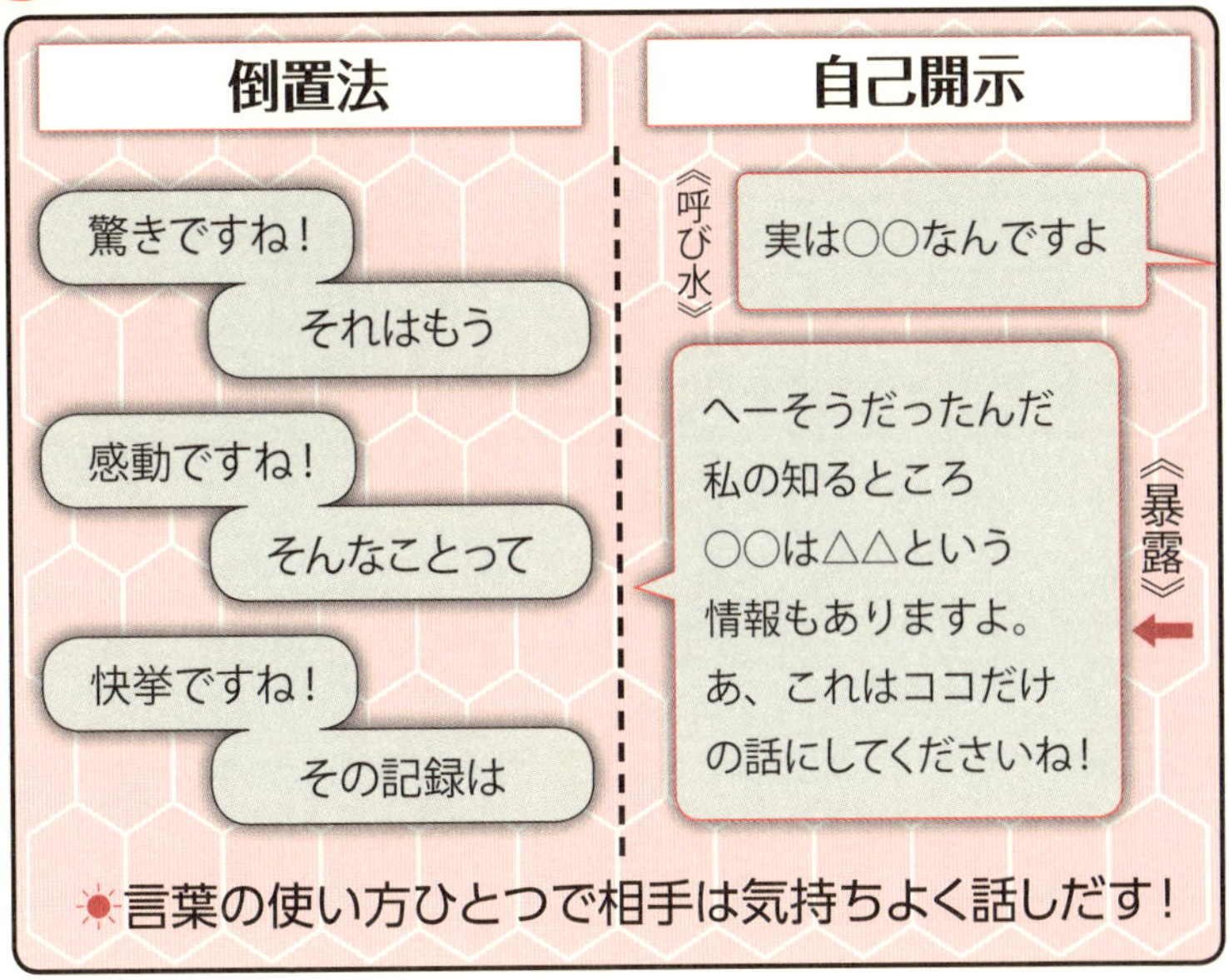
倒置法
驚きですね！
それはもう
感動ですね！
そんなことって
快挙ですね！
その記録は
自己開示
《呼び水》
実は○○なんですよ
へーそうだったんだ
私の知るところ
○○は△△という
情報もありますよ。
あ、これはココだけ
の話にしてくださいね！
《暴露》
言葉の使い方ひとつで相手は気持ちよく話しだす！

あなたは聞き上手になって相手にしゃべらせることです。

途中で話をさえぎるようなことをしないのはもちろんですが、相手が気持ちよくしゃべって口を滑らせるまでにもっていくには、聞き上手だけではなく、それなりのテクニックを使わなければなりません。

そのひとつが**「倒置法」**です。会話などで用いる文や語を普通の順序ではなく、逆にして語勢を強調する方法です。

「驚きですね、そんなことあるんですね」
「わかります、それ」
「どうなりました、そのあと……」

のように、大げさに感動したしぐさを交えて相づちを打ったり共感したりします。

話の内容は大したものではなくとも、聞いている相手がとる態度から話し手は自信をもち、ますます上機嫌になって話し続けるに違いありません。

ころあいを見計らって、

「それで、本当のところはどうなの？」

と水を向けると、

「じつはね、Aさんから聞いたんだけれどね」

と秘密を暴露してしまうことになります。

一方で「それは言えないよ」と冷めた口調で切り返してくる人もいるので、その場合には、さらに追い打ちをかけるようにもうひとつのテクニックを試してみるのです。

## たとえ話で具体的な話を聞きだす方法

それは「たとえばの話でいいんですけど……」

と切りだすやり方です。

「うちの部長とA社の担当者の間にある込み入った事情ってなんなのですか？」

と尋ねたとしましょう。

「うん、それは言えないね」

という返事に対して、

「たとえばでいいんですよ。過去に大喧嘩をしたことがあるとか、一人の女性を巡って争ったとか」

と思いあたることを言ってみます。

すると「喧嘩といえば喧嘩なんだけれど」と、半分しゃべってしまったような状態になることだって考えられます。

そこで、

「たとえば、部長とA社の間の契約問題の件ですか？」

と突っ込むわけですが、このようにあたかも仮定の話をしているかのように装いながら、徐々に具体的な話の核心に迫っていくのです。

相手は仮定の話をしているつもりでいるけれど、じつは本質的な話をしてしまっていることに気づいてはいないのですから、これを繰り返していくとある程度のことはわかってしまうというわけです。

このように相手から秘密の話を聞きだしたい

ときには、まず倒置法を使った会話術で相手を機嫌よくしゃべらせ、次に仮定の話を繰り返すことで知りたいことに迫り、ある程度のことを聞きだしてしまうのです。

## 相手の本音を引きだすための質問法とは

相手が心を許して本音を打ち明けるのは、質問の仕方によるところが大きいものです。相手に答えたいと思わせる質問の仕方をするのです。

質問がうまくできれば、相手の本音を引きだすことも可能です。

そのためには明るく前向きなプラス思考の質問でなければなりません。質問されて気が滅入るようでは本音を打ち明ける気にはならないものです。言葉遣いはできるだけ柔らかい、やさしい内容が望まれます。

具体的な内容の質問であることも大切です。曖昧な質問には、答えにくいからです。

**Point**

1・相手にしゃべらせるためには聞き上手でなければならない

2・たとえ話や上手な質問法で、本音を聞きだすこともできる

相手の弱みは交渉の最大の武器！

# 17 苦手な人を味方に変える心理トリック

▼苦手な相手をお得意様に変える心のハンドリング

## 苦手意識はちょっとしたコツで克服できる

誰にでも苦手な人というのはいるものですが、反対に話しやすく気の合う人というのもいるはずです。

ビジネス上の交渉相手が、気の合う人であればなんの問題もなく自分のペースで交渉に臨み、互角に渡り合っていけるのですが、もしも苦手なタイプだったりしたら、あなたならどうしますか。

相手が自分のことをどのように思っているのかもわかりませんから、苦手だと思う気持ちが負い目となって、交渉がうまくいくわけはありません。

相手が自分と同じ思いでいてくれるのならまだしも、「こいつはいけるぞ」なんて考えているとしたなら、アドバンテージは相手にいってしまい、ますます分は悪くなるでしょう。

プライベートの場でウマの合わない人がいたところで、適当な距離を置くか、いっそ付き合わなければいいだけのことですが、ビジネスではそういうわけにはいきません。そのため悩むのですが、好き嫌いはどうにも仕方のない生理的なこともあって厄介なのです。

苦手意識を克服するためには、まず相手のどこが苦手なのかを分析してみることです。目つ

## 態度の横柄な人物をへこます先制攻撃とは！

先日、○○でお見かけしましたよ
女性とご一緒でしたね！
ええっ？
そ、そーなの？えーと、いつ？
動揺

人はどこかで「観察された」と思うと不安心理に陥る！

きなのか、着ているもののセンスなのか、それとも態度にあるのか原因を明確にします。

たとえば、どうにも相手の横柄な態度が気にかかって「嫌な奴だなあ～」と思ったとしましょう。ここで曖昧にしておかずに、どこがどう嫌なのか具体的に「意味もなく人を見下すような態度が許せない」と、はっきりさせるのです。そうでないと「馬鹿な奴だ！」「最低だ！」と相手の人格を全否定してしまうことになるからです。

次に先制攻撃をしかけます。

「先日、地下鉄のなかでお見かけしましたが、お連れの方がいるようでしたので、お声はかけませんでした」

と言ってみます。相手は、

「どこだろう、いつのことかな、誰と一緒だったのかな？」

と、自分の行動を思い出して動揺します。

もちろん見てなどいませんが、いつも横柄な相手なのですから、ちょっと脅かしてあげるつもりで意表を衝くことが目的です。相手は勝手に不安になって、いつもの上から目線はすっかり影をひそめて、交渉はこちらのペースで進むというわけです。

## 自分の欠点に目を向けてみるのも大切

人は自分が気に入らないと思っていると、相手も同じように思うものです。これは防衛本能のようなもので、一旦この状態に陥ってしまうと相手のすべてが嫌になり、やることなすことが不愉快になります。

「もう二度と会いたくない奴だ」

となってしまったら、お得意様のメリットはなくなってしまいます。

そこで横柄な態度は気に入らないけれど、一歩引いて、

「でも大切なお得意様なのだから、我慢もしなくちゃいけないな」

「自分もわがままなところがあるしな……」

と考えるようにすれば、相手に歩みよる気持ちも出てきます。

自分の欠点に気づいて、少しでも相手に理解を示すようになれば、悪いところばかりではなく自分と共通する部分などにも目がいき、

「態度は横柄だけど、根は悪い人じゃないかもしれないな」

となるのです。ときには先制攻撃も必要かもしれませんが、むやみに人を毛嫌いするのではなく、大人の対応をしてみるというのも、相手があなたに好感を抱いてくれるきっかけになるかもしれません。

そうなればあとは何か共通の話題を見つけて、おたがいの親交を深め、

「これからは、情報交換をして頑張りましょう」

ということになる可能性もあります。

苦手意識は克服したほうが、結局得になるこ

とはわかりましたが、自分の欠点を認めはしたものの、それで相手とうまくやっていけるのでしょうか？

人によっては「どうしてもダメ」ということもあるでしょう。それでも会社関係のつながりでは自分勝手に関係を断つこともできませんから、つらいのです。

そんなときには自分に暗示をかけてみるのはどうでしょう。

**「こいつは苦手だけど、自分は大人だからどうでもいい奴とは適当に付き合うことができる」**

と思うだけで相手のことなどどうでもよくなります。商談以外のことには、愛想笑いをしながら聞き役に徹するのです。

腹のなかではどう思っていようと、口にしなければ相手にはわかりません。

そんなあなたの態度に、案外相手のほうが好感をもって歩み寄ってくるなんてことになれば、あなたの作戦勝ちです。

**Point**

1・苦手な相手との商談には先制攻撃をかけて意表を衝く作戦で臨む

2・一歩引いた対応が相手を和ませることもある

苦手意識はプラスにはならない！

COLUMN2

# 都合のいいように相手のことを思い込むメカニズム

最近は手紙を書く人が少なくなりました。その代わりメールの使用度は増えています。手紙もメールも人間の心理に働く効果は同じです。

昔、雑誌の読者欄で「文通希望」などというコーナーがあり、知らない者同士が手紙をやりとりすることが多かったものです。

会ったこともない相手との手紙のやりとりは、いつの時代もドキドキするものです。

ネットで知り合った男女が、相手はどんな人なのか想像するのと同じです。このような目に見えない相手との交流では、人間は勝手に相手のことを自分の都合のいいように美化してしまう傾向にあります。

「料理が得意です」と女性が言えば、家庭的な雰囲気の女性かな、と想像したり、「趣味はスポーツです」と男性が言えば、がっしりとしたスポーツマンタイプの男性を妄想したりします。それは「恋人が欲しい」という潜在意識をもっていると、脳が勝手に身近の対象者を「自分好みの相手」と錯覚するからなのです。

# 第3章

# 男女の関係で使える心理トリック

## 18 ジェットコースターで男女間の距離が縮む

▼恐怖体験を共有すると好きになってしまう深層心理

### 「怖い」と「好き」を取り違えてしまう心理

心理学に「吊り橋効果」というのがあります。山間の渓谷にある揺れる吊り橋と、揺れない橋を使った心理学の実験で、それぞれの橋の上で男女が出会い、その後その二人は連絡を取り合うかどうかを調べたものです。

吊り橋の二人はほとんどが連絡を取り合ったのに対して、揺れない橋の二人が連絡を取り合ったのはわずか一割でしかなかったという結果が出ました。

ここから揺れる吊り橋で恐怖感を共有した二人は、恋愛感情に発展する可能性が高いということがわかったのです。

高層ビルの最上階で夜景を眺めながら食事をした二人やお化け屋敷に行った二人は、その後親密度が高まるというのも、高い所や狭い空間での恐怖を共有することから生じる吊り橋効果と同じことです。

これも心理学で説明がつきます。人は身の危険や恐怖を感じると心臓がドキドキするものですが、この動悸は好きな人にときめくドキドキと同じものなのです。

吊り橋の上で感じた恐怖感からくるドキドキ感を、たまたま一緒にいた異性への恋愛感情と勘違いをしてしまうというものです。つまり「怖い」という気持ちが、状況によっては「好き」や「愛

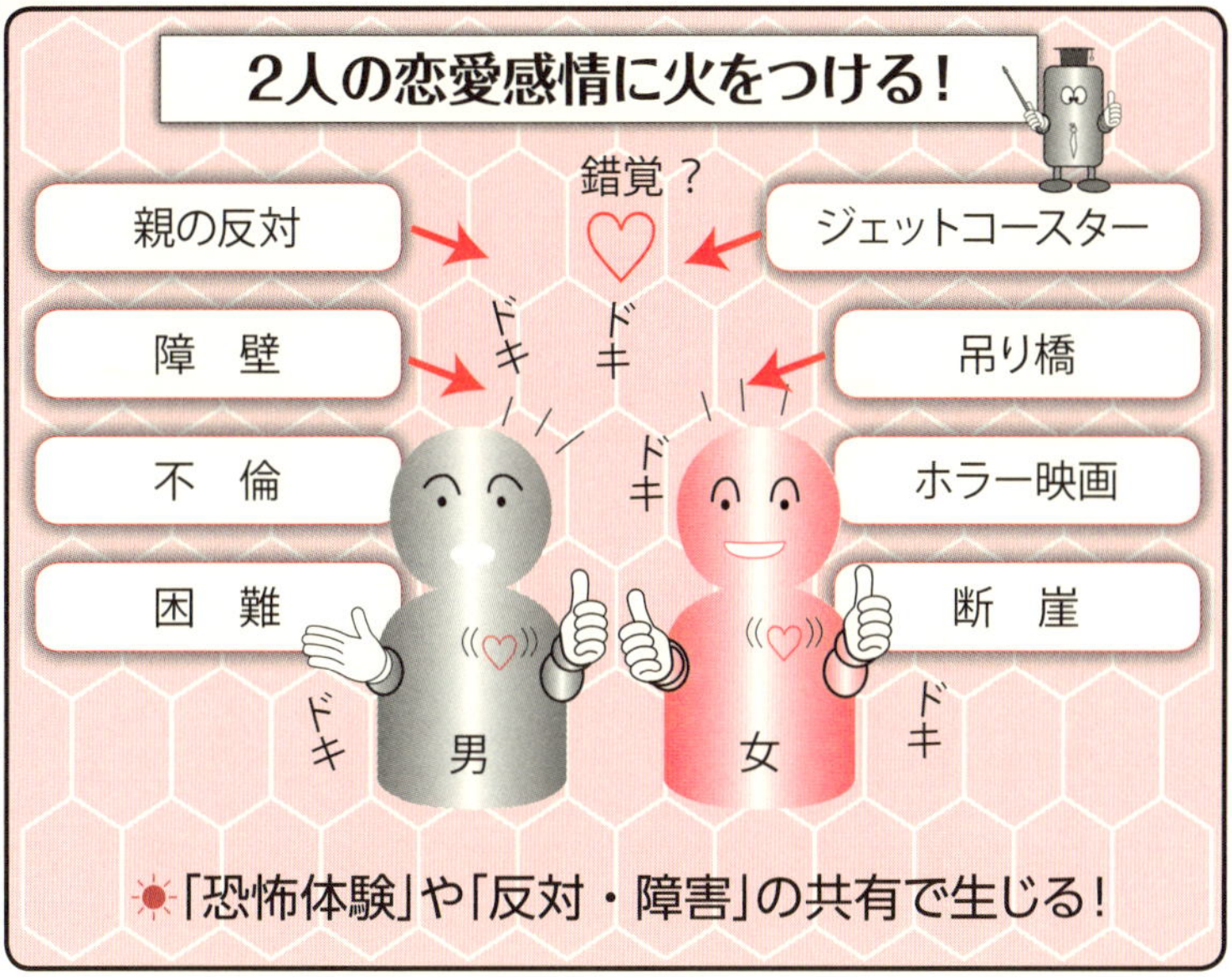
2人の恋愛感情に火をつける!
錯覚?
親の反対
障壁
不倫
困難
ジェットコースター
吊り橋
ホラー映画
断崖
ドキ
ドキ
ドキ
ドキ
ドキ
男
女
「恐怖体験」や「反対・障害」の共有で生じる!

している」という感情と混同されてしまうのです。

単なるドキドキという生理的な興奮を、近くにいた異性と結びつけて感情の興奮に置き換えてしまうのです。これを**「錯誤帰属」**といいます。

錯誤帰属の現象が起こりやすいのは青年期に多くみられる特徴で、心臓や血管などの循環器が未成熟なためと考えられています。

少しの刺激で赤面したり、心臓の鼓動が速くなるのと同時に性衝動が高まり、性ホルモンの分泌が盛んになります。加えて人生経験があまりないこともあって、ドキドキの原因を恋愛感情と結びつけて、誤解しやすいというものです。

もしあなたに今、心ときめく相手がいるとしたなら、恐怖感を共有する場所へ行ってみることをお勧めします。きっと二人の仲が親密になることは間違いありません。

ジェットコースターやホラー映画、高層ビルの展望台など、渓谷にある揺れる吊り橋ではなくても、近くに怖いものはたくさんあります。高所恐怖症とか怖い所は苦手だといって避けてきた人も、だまされたと思って試してみる価値は大いにあると思います。

## 障壁が高いほど女性は燃え上がる

人間の心理というのは不思議なものですが、なかでも恋愛感情は奥の深いもののひとつといえるでしょう。

なんの問題もない男女よりも二人の間に障害があると、その障害を乗り越えて二人が結びつこうとする気持ちが強くなり、絆がより深いものになるという現象です。これを**「ロミオとジュリエット効果」**と心理学では呼んでいます。

『ロミオとジュリエット』はシェークスピアの三大悲劇のなかでも、もっともポピュラーな若い二人の悲恋を描いた物語です。

二人は親の反対で仲を引き裂かれ、それでも障害を乗り越えて愛を貫こうとするのですが、困難があればそれを乗り越えて恋愛感情を高めようとする姿に共感する女性は少なくはありません。

何も問題のない相手といわれていた男性が、突然女性の側から一方的に別れを切りだされたりするのは、障害がないことが物足りなくなって……という心理が働いてしまうからです。

「どうしても結婚相手は親が決めると言って聞かないんだ」

くらいの話をでっち上げて、女性の障害願望を満たしてあげることも、相手の気持ちをつかむためには必要なのかもしれません。

## なぜ障害があると女性の感情は高まるのか

人間には「やってはいけない」と言われるとやりたくなり、「やってもよい」と言われるとやりたくなる、天の邪鬼な心理があります。反対されたり、禁止されるとますます相手のことを魅力的に感じて、周囲の反対を押し切って欲求を満たそうとするのが危ない恋愛です。

何事もない恋愛では感情の高ぶりがありませんが、訳ありの恋愛になるとハラハラ、ドキドキの展開や秘密の共有が、恋する思いを激しく燃え上がらせ、女性を悲劇のヒロインに仕立て上げるのです。

周囲に反対されている間は、相手の男性が素敵な王子様に見えているのに、反対がなくなった途端に、相手の男性がただの中年オヤジに見えてきて「さようなら」なんてことは、よく聞く不倫騒動の一幕ではないでしょうか。

周囲の障害が大きければ大きいほど、恋する男女の気持ちは激しく燃えて、感情は高ぶり、恋愛感情を高めようとするものなのです。特にその傾向は女性に強いといわれます。

**Point**

1・吊り橋効果で恐怖体験の共有をすると恋愛感情が生まれやすい

2・障害のある恋愛は感情が高ぶり、恋愛感情を高める効果がある

障害のある恋愛は恋愛感情をさらに高める！

# 19 ボディーサインからわかる女性の本音

▼相手の本音を簡単に読み解く方法

## しぐさからわかる無意識のサインの見破りかた

ボディーサインとは、言葉以外の無意識のしぐさのことです。足を組んだり髪をかきあげたり、何気ないそんなしぐさには、じつは相手に対しての好意や、拒否といったサインが隠されていたりするものなのです。

恋愛とはなんとももどかしいもので、自分がこんなに思っているのに、相手の気持ちがどうなのかはっきりしないところがもやもやとしてやりきれないものです。

そのようなときに、相手の本心を無意識のうちに現しているボディーサインから読み取ってしまうという手があります。

「目は口ほどにものを言う」と言いますが、男性・女性ともに興味や関心がある場合には相手を見つめる頻度は高くなり、瞳孔も開き、キラキラと輝いているようなら、好意があるのは間違いなしです。向き合った相手が、背筋をピンと伸ばした姿勢でいるようなら、これも好意を示しているサインです。

足の組み方は人間の心理が特に現れやすいといわれるところで、見逃せない部分です。もしも彼女が両足をそろえて椅子にかけているとしたなら、これは緊張していて相手に無関心、あるいは拒否の心理的サインと考えられます。

しかし、もしも足を組んでいてその組み方が

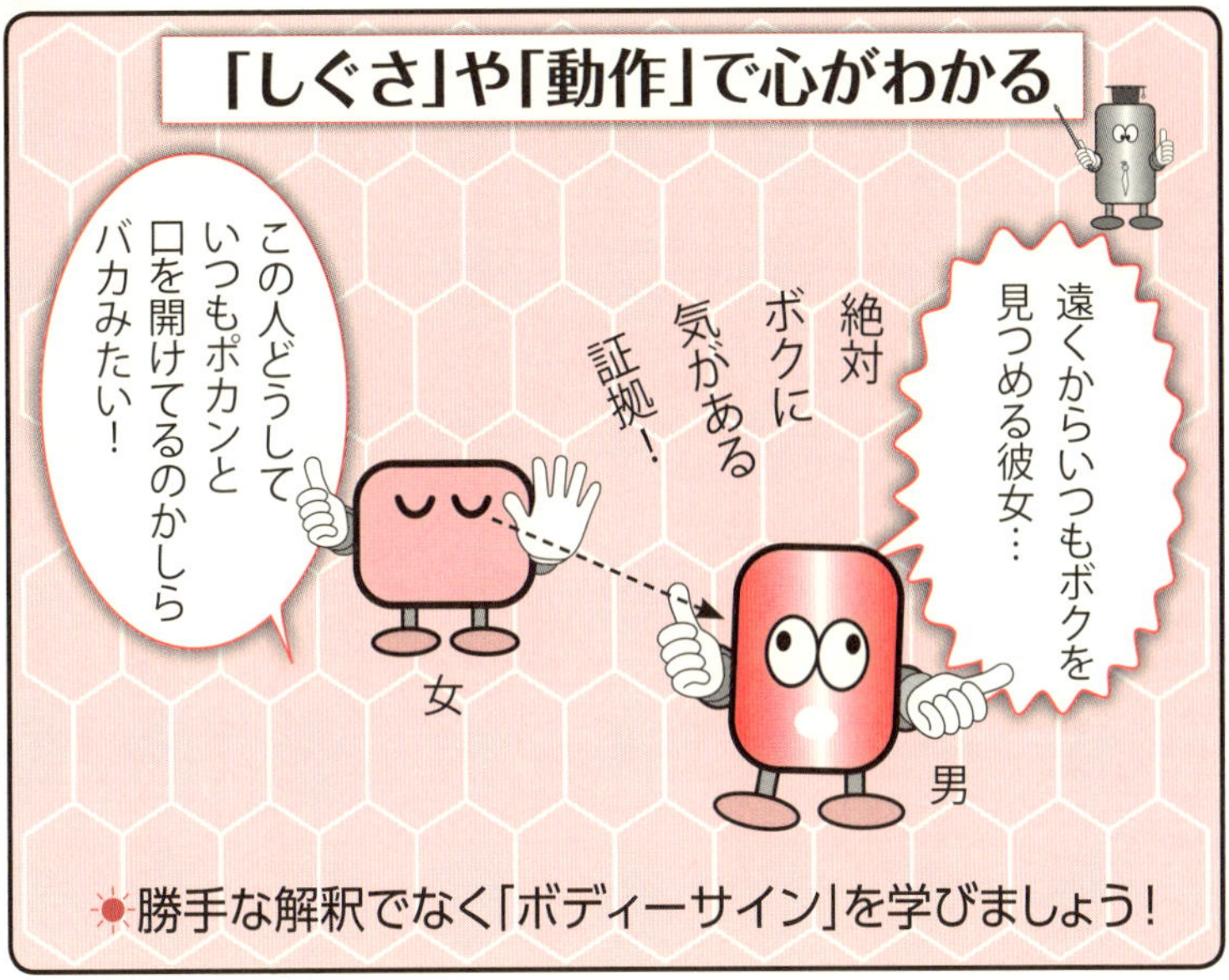
「しぐさ」や「動作」で心がわかる
遠くからいつもボクを見つめる彼女…
絶対ボクに気がある証拠！
この人どうしていつもポカンと口を開けてるのかしらバカみたい！
女
男
勝手な解釈でなく「ボディーサイン」を学びましょう！

視線のやり場に困るほど崩れているとしたなら、これは大いに脈ありで期待は大とみてよいでしょう。

手が膝の上にきちんと置かれていたり、片手で手首をつかんでいる、あるいはテーブルの上にあるものを触っているようでは、相手に興味がないか拒否を示しています。

そのほかに、次のようなしぐさはあなたへの関心が残念ながら薄い証拠です。

**＊鼻の周囲や顔のあちこちをしきりに触っている**
**＊頭を動かしたり身体をそらしたりなどの動きが大きい**
**＊手を動かす頻度が高い**
**＊あなたの話に必要以上にうなずいている**

ただし、髪に手をやったり、前髪をかきあげたりするようであれば、脈はあるかもしれないので、誘ってみてもよいかもしれません。

## ボディーサインから見抜く相手のうそ

ボディーサインの、一般的に好感をもっているとされるしぐさについても挙げておきます。

**＊笑顔を見せる（作り笑いではない）**
**＊身を乗りだしてきたり、あなたに近づいてきたりする**
**＊目をそらさずに長くみつめる**
**＊照れた様子で下を向くなどで、目をそらす**

相手のしぐさの一ヵ所だけではなく、注意深く複数箇所チェックすることで、本心がどこにあるのかを探ることもできるわけです。

何回かデートを重ねていくとおたがいの間に馴れが出てきて、相手が好まない話題であるにもかかわらず、一人で悦にいっていたりなんてことも珍しくはありません。でもそんなときでも、相手の様子を観察するのを忘れてはいけません。もしも相手の居心地が悪そうに見えたら、それはうそを言っているのですから……。

ある研究によると、人はうそをついていると きと居心地が悪いときには同じ態度を示すそうです。

そしてうそをついていると、人は緊張して上半身がギクシャクした動きを見せ、必要以上に見つめてくるそうです。

うそを現すサインと、あなたへの関心が薄いボディーサインの両方を見つけてしまったら、残念ながらあなたへの不満度は、かなり高いかもしれません。

## ちょっと気難しい女性の気になるボディーサイン

「相手に嫌われたらどうしよう」「振られたくない」と自己防衛の気持ちが強い女性の場合、

とても好きで気になって仕方ないのに、相手に冷たく振る舞ってしまうことがあります。

これは自分に自信がもてなかったり、シャイな女性に見られる特徴です。

気になる相手が近づくと、背を向けてしまいまるで嫌いなように見える態度をとってしまうのですが、心のなかでは恋の炎がメラメラと燃え上がっています。

何か話をしなければいけないときには、冷たい厳しい態度で接してくるので、男性にとっては素直ではない印象にしか映りません。

ジーッと見つめるのは、遠く離れたところからで相手には伝わらない距離です。

もしこんな女性があなたのそばにいたら、きっと誰か周囲の人が気づいて、

「彼女、お前のこと好きなんじゃないの……」

と、知らせてくれるはずです。

そのようなときには、あなたから彼女に近づいて、アプローチしてみるとよいでしょう。

**Point**

1・女性の無意識のボディーサインは本音の宝庫

2・ちょっと気難しいシャイな女性のボディーサインを見逃すな

ボディーサインから本音を読み取ろう！

20

# 口説くなら夕方以降の時間が有効

## ▼判断力が散漫になる夕暮れどき

### 夕方から夜にかけては愛の告白タイム

「黄昏効果《たそがれこうか》」というのをご存知でしょうか？

心理学で使われる用語のことで、黄昏どき＝夕暮れどきには、人間の体内時計が不安定になるといわれています。そのため判断力が低下したり、注意力が散漫になるので、愛の告白や人を説得する、あるいは商談などで相手を納得させるのに適しているといわれます。

簡単に言うと、思考力や判断能力など、人間の活動能力が低下する時間帯のことです。

夕暮れどきには統計上も交通事故の発生件数がもっとも多く、男性も女性も一日のうちで緊張感が低下していることを現しているといえます。特に男性よりも女性のほうが影響を受けやすいようで、その女性の心理を見逃さず、黄昏どきに愛の告白をすると成功率が高いというのです。

恋愛映画やドラマを見ても、愛をささやいているのは確かに黄昏どきや夜がほとんどです。理性より感情が高まるこの時間帯は、愛の告白や相手の本音を引きだすのには最適といえるからです。

美しい夜景が二人を包んでムードは高まり、ロマンチックな気分が後押ししてくれるので、女性を口説くというのは理にかなっているので

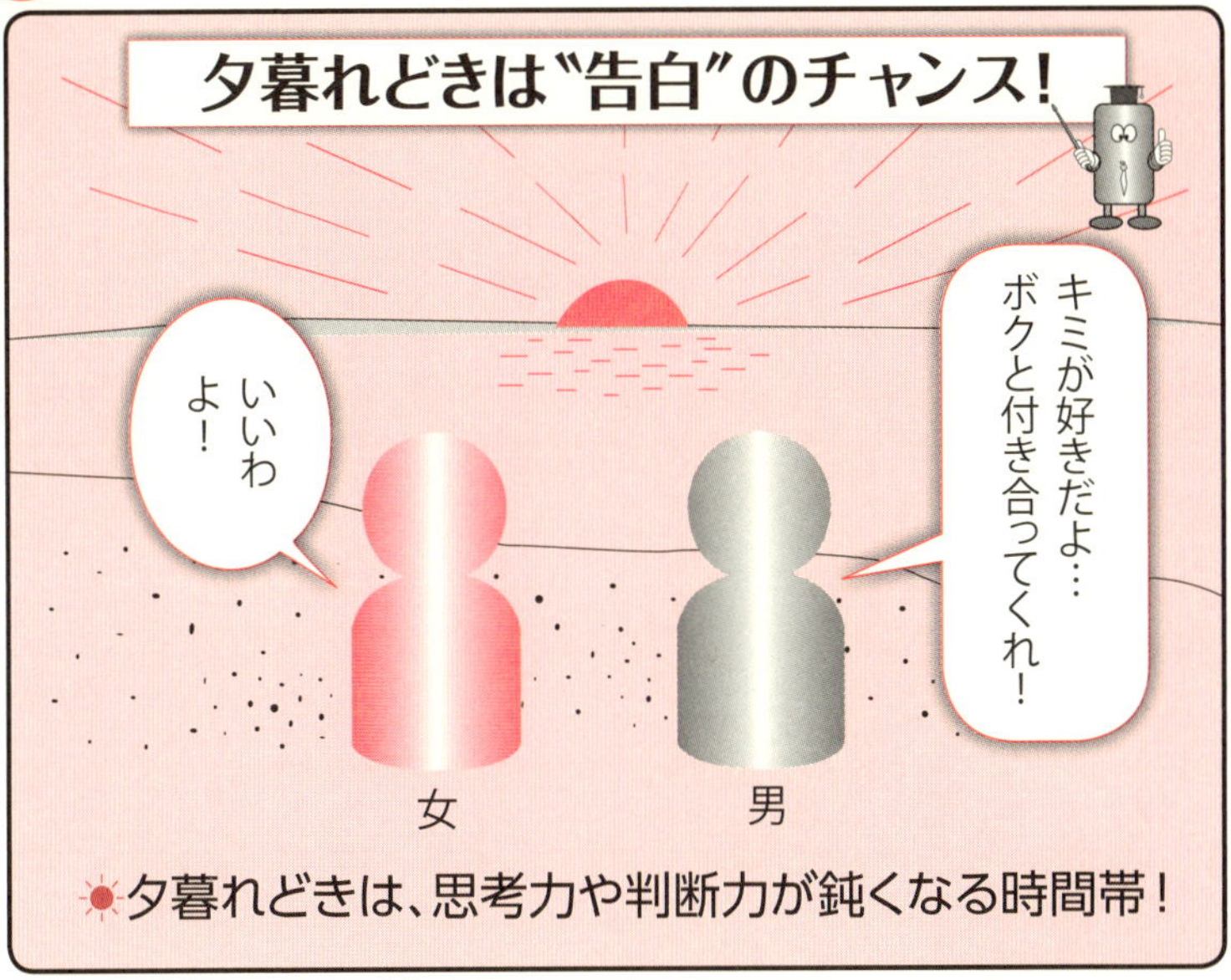
夕暮れどきは"告白"のチャンス！
キミが好きだよ…ボクと付き合ってくれ！
いいわよ！
女
男
夕暮れどきは、思考力や判断力が鈍くなる時間帯！

しょう。

夕暮れどきから夜もまた効果的です。闇に包まれるとそれだけで不安になるものですが、誰かと一緒にいることで安心感をもてるからです。そのうえ暗闇では、相手をいつもより少しだけよく見せてくれるのもプラスに作用しています。

昼下がりの太陽がまぶしいカフェテラスでの愛の告白がうまくいかなかったあなた、日光を浴びて公園を散策しながらの告白でうまくいかなかったあなた、黄昏どきを狙ってプッシュしてみてはいかがですか。見事彼女のハートをゲットできるに違いありません。

黄昏効果は、ビジネス上でももちろん有効です。この時間帯は判断力が鈍るのですから、大事な仕事は午前中にこなし、相手の判断能力がゆるむこの時間帯に商談を入れるというのも賢い方法です。曖昧なうちに契約が取れてしまう可能性が高いかもしれません。ただし、あなたが反対にやり込められないように要注意です。

ちなみに、ユダヤ人大虐殺で名高いアドルフ・ヒトラーも、黄昏効果を狙って演説を繰り返し、ドイツ人に訴えを続けたといいますから、ヒトラーは人間心理を熟知し、巧みに利用していたことがうかがえます。

## 効果的に愛の告白を切りだすタイミング

ある友人から聞いた話ですが、

「動物園で待ち合わせをして、彼が来るなり告白してくれたんだけど動物のにおいが鼻について、なんだかおかしくて笑っちゃったの」

彼は場を改めて、再度愛の告白に挑戦して成功しました。動物園という場も問題ですが、息せき切って駆けつけるなり告白では、女性としては納得がいきません。告白にも切りだすタイミングというものがあります。

心理学では「**ピーク・エンドの法則**」というのがあり、物事の印象に残りやすいのはピーク（絶頂期）とエンド（最後）の記憶だというのです。

この法則によれば、**愛の告白を切りだすタイミングは会ってすぐにではなく、**二人で楽しいデートの時間を過ごしたあとで、**ゆっくりと食事をして食後のお茶の時間を楽しんでいるとき**か、あるいは**その後の帰り際**ということになります。

楽しかったデートの最後のタイミングで愛の告白をされたほうが、女性には記憶として印象強く残るというわけです。愛の告白だけに限らず、重要な話は最後にもってきたほうが好感がもてるという調査報告もあるほどです。

## デートの終わり、別れ際が大切な理由

デートの終わりが近づくと、別れの寂しさと

次にいつ会えるのだろうかという思いから、一緒にいたい気持ちが最高潮になるものです。

デートが楽しかった分、よけいに別れたくなくなるのです。ですから、そんなときに喧嘩をしてしまったら最悪です。

「ピーク・エンドの法則」で、次に会うまで最後に喧嘩別れをした記憶がずーっと残ってしまうのです。

「人は去り際が肝心」と言いますが、きれいな別れ方をすると、次のデートが待ち遠しくなるものです。

去り際にはよい印象を残す会話やしぐさを意識するとよいでしょう。

「今日は楽しかったよ」

「また会おうね」

などのさりげないひと言が、強く印象に残ります。

何度も手を振りながら、別れを惜しむ姿も、相手の脳裏にいつまでも残るものです。

**Point**

1・愛の告白は夕暮れどきの「黄昏効果」を狙うとよい

2・愛の告白を切りだすタイミングは、デートの別れ際にチャンスあり

愛を告白するのにもタイミングがある!

21

# 女性の本音は顔の左側と口元に出る

▼相手からの印象を左右する座るポジション

## 物理的な距離は心理的距離に比例する

会社の会議や打ち合わせといえば、どのテーブルにするか、テーブルのどこに座るかが主導権にかかわってくるため、おそらく入念に選んでいるはずですが、プライベートではあまり考えないという人がほとんどではないでしょうか。

しかしそれは間違いで、彼女とのデートの際にもどこに座るかというのは、重要な意味があることを覚えておきましょう。

初めてのデートに、喫茶店で待ち合わせの約束をしたとします。先に着いたあなたは四人掛けの席か二人掛けの席か迷いましたが、なんとなく二人掛けのテーブルを陣取り彼女を待っていると、すぐに彼女がやってきてあなたの前に腰掛けました。初めてのデートで、二人掛けのテーブルに向かい合って座るのは、じつは正解なのです。

もしあなたが四人掛けのテーブルで彼女を待っていて、あとからきた彼女が斜め前に腰掛けたなら、二人掛けの正面位置よりも距離を感じてしまうはずなので、この最初の席の取り方がその後の二人の関係に大きく影響するのです。

できるだけ親しく会話ができれば次回の約束も期待できますが、距離を感じてあまり会話が弾まないようでは、次は難しくなるからです。

**物理的な距離は心の距離と比例する**といいます。

ところが、何回かデートを重ねた相手の場合は、正面より横に座ったほうが親密度は増す傾向にあります。なぜなら正面の位置は、おたがいの意見を交換し合う雰囲気になってしまい、警戒心をもたれてしまうからです。

横に座れば二人の距離感はグッと縮まる効果が大で、緊張することなく会話がしやすいといえるでしょう。

一般に、男性は横並びの席に安心感をもつようです。反対に、女性は相手の表情や態度から何かを読み取る能力に長《た》けているので、正面の位置を好むといわれていますが、男性が正面に位置するとプレッシャーを感じてしまうという女性も少なくないようです。

付き合いの長短にかかわらず、どのように座るのかは、相手への思いやりが大切です。

お店の構造によってクーラーの風が強くない席や、安心感のある側に女性を座らせてあげたり、あるいは注文のしやすい側に男性が座るとか、ちょっとした気遣いがおたがいを思いやる心に通じて二人の仲はより親密になるものです。

## 顔の左側に人の本音は表れる

さて、初めてのデートは喫茶店で長時間二人きりで向かい合い、緊張が続いたものの話は弾み、席を移してということになりました。あなたは彼女をカウンターバーへと誘い、今度は並んで座ることになりました。

この場合、あなたは彼女の右側か左側のどちらに座りますか？

「どっちでもいいんじゃないの」

という声が聞こえてきそうですが、どちらでもよくはないのです。

あなたはここで次回のデートの約束を取りつけなければいけないはずです。そのためには女性の左側に座り、人の本音が表れるという左側の表情をしっかり見極めなければならないのです。

動作や態度は意識的に本音を隠そうとすることもできるのですが、顔の表情を隠すことは難しいといわれています。特に顔の左半分には内面や本音が表れ、右側には建て前が出るといわれるので、なんとしても彼女の左側の表情から内面を読み取り、本心を探らなければならないわけです。

「これからも、お付き合いしていただけますか？」

そう尋ねるあなたに、彼女はどのような表情を見せるのでしょうか？

## 表情から心のなかを読み取る表情心理学

心のなかの感情は、表情や態度に表れるものです。喜怒哀楽は笑いや涙で表現されるのでわかりやすいのですが、そのほかの表情から心のあり方を読み解くのが**「表情心理学」**です。

表情心理学で重視するのが口元です。口の周囲にはたくさんの表情筋があるため、感情を表しやすいのです。

たとえば怒りの場合は、攻撃的になるために唇は前に突きだします。反対に怖れでは後に引く態勢になり、唇も閉じられ、への字になります。相手の唇がどのような状態なのかを見極めることで、心のあり方がわかります。

自分のことを相手がどう思っているのかを知りたいときには、口角を見ます。もし相手が好意をもってくれているなら、態度ではさりげなさを装いながらも、口角はキュッと上がっているはずです。

好意がないとしても、露骨に嫌な顔をすることはありませんから、平静を保って口角に変化はないはずです。

目は心の窓ともいいますから、目と口元を観察すれば、相手の心のなかは読めるはずです。

**Point**

1・座る位置は近いほうが親密な関係になりやすい

2・人の本音は顔の左側、口元に表れやすい

相手の顔の左側と口元に本音あり！

# 22 合コンで下の名前を呼ぶと急接近できる

## ▼名前の呼び方ひとつで印象は変わる

### 下の名前で呼ばれる幸福感が心を開くカギとなる

最近の面白い調査研究結果をお知らせしましょう。

日常生活のなかで、下の名前をあまり呼ばれたことのない女性が、突然名前を呼ばれると、幸福ホルモンといわれるオキシトシンの分泌量が増え、ストレスホルモンのコルチゾールが抑制されることがわかったそうです。

下の名前を呼ばれるだけで、なぜ幸せになってしまうのでしょうか？

理由のひとつは、普段下の名前であまり呼ばれたことのない人が名前を呼ばれると、特別な感じがするというのです。

呼ばれた相手が気になる存在であったら、間違いなく意識して幸せいっぱいになってしまうはずです。

心理学的にみても、呼び方が「肩書き」から「姓」、そして「名前」の順に変わっていくにしたがっておたがいの関係は深まり、心理的距離が縮まることがわかっています。

ここまで効果の高いことがわかっているなら、交際に取り入れない手はありません。

もしも合コンなどで親しくなりたい相手がいたとしたら、初対面であろうが思い切って、「○△ちゃん」と、名前を呼びかけてみるというのはどうで

下の名前を呼ぶと幸福感が…
ミカちゃん！
うッ！
馴れ馴れしい
ヤツ…
急になに？
山本与作くん！
女
男
最初は驚かれても意外に打ち解けやすい！

しょう。普通は何回か会って会話を交わし親しくなる、という手順を踏んでから呼び方を変えるものですが、先に名前で呼んでしまってから親しくなるという逆をいくわけです。

名前で呼ばれた相手も、一瞬は驚きを隠せないものの、無意識のうちに心理的距離が縮まっているので、案外自然に受け入れてくれるかもしれません。

異性に対して警戒心が強く、なかなか心を開きそうもない相手にも試してみてはいかがでしょう。そのような場合には自然な流れで、わざとらしさがないことが重要です。ただし、うまくいかなかったときには、ひょっとしたら平手打ちのひとつも飛んでくるかもしれないことを覚悟しておいたほうがいいかもしれません。

## 親しみを込めたつもりが逆効果のケースもある

お付き合いを始めると、おたがいにわがまま

が出てくるものです。ちょっとしたことで口喧嘩をした際に、彼女が怒って一人でタクシーに乗り込もうとしたそのとき、

「○×！　待てよ……」

と普段さんづけで呼んでいた彼が、突然呼び捨てで彼女の名前を呼んだのです。

その呼びかけに胸キュンしてしまった彼女は彼のことを許し、二人はその後より親密になったそうです。

一方知人の話ですが、お付き合いを始めて数年が経った二人はそろそろ結婚も考え、男性が女性の両親と会うことになりました。

緊張するシーンですが、しばらくすると男性は気のゆるみからか、両親の前で彼女の名前を呼び捨てにしはじめたというのです。

本人は聞こえないように気を遣っていたつもりだったようですが、父親は男性のそのような姿をしっかり見ていて、

「あの男は、結婚する前から人の娘を呼び捨てにして……」

と、結婚に反対したのです。二人の間では、親近感があってよい呼び方も、時と場合はわきまえておかなければいけないでしょう。

## 加害者と被害者にズレの大きいジェンダー・ハラスメント

もうひとつ「セクハラ」は性的な嫌がらせやいじめとして、一般社会にも広く浸透してきましたが「ジェンダー・ハラスメント」にも気をつけなければいけません。

これは個人の能力や特性を考えることなく、社会的性差だけで一律に行われるハラスメントのことで、代表的な例としては女性だからという理由だけでお茶くみをやらされるなどです。

女性のみを「ちゃん」づけで呼ぶこともこの「ジェンダー・ハラスメント」に該当するので、職場では十分注意が必要なことを知っておくべきです。くれぐれもプライベートに限っておい

たほうがいいでしょう。

一般にはまだあまり知られていないジェンダー・ハラスメントですが「男のくせに情けない奴だ」「女のくせに生意気だ」などの物言いのことと言えば、わかりやすいのではないでしょうか。

子どものころに親から、あるいは周囲の誰かに一度は言われているこの言葉が、典型的なジェンダー・ハラスメントなのです。

セクハラなどに比べて知名度が低いのは、加害者にハラスメントの自覚が乏しいために「それがどうしていけないの」というのが現状です。

一方で「女のくせに」と言われたほうは、それによって傷ついているにもかかわらず、傷つけたほうに自覚がないのですから困ったものです。職場でのお茶くみ問題などとともに、今後意識を変えていかなければいけない、問題のひとつと考えられています。

**Point**

1・下の名前で呼ばれるだけで幸福ホルモンの分泌量が増える

2・「男のくせに」「女のくせに」は、ジェンダー・ハラスメントの典型

名前で呼ばれると幸福になる！

23

# 口説くならお洒落なおいしいお店で

▼お洒落な店で食事をすると心が開く理由

## ランチョンテクニックをデートに応用

政治家や実業家の集まりでも使われている、飲食をしながら交渉をする方法を「**ランチョンテクニック**」といいます。欧米では、ビジネスの相手をランチに誘うことが多いことから、ランチョンテクニックと呼ぶようになったといわれています。

「ランチョンテクニック」とはおいしい食事をしながら交渉をすると、交渉事がおいしい食事と結びついて反論や批判がしにくく、受け入れられやすい効果のことです。

おいしい食事からは快感が得られるため、食事中に話し相手や話題に対しても好感度が高まるのです。

言い換えると、一緒に食事をした人やそのときに聞いた話は、どれもいい思い出として残るというのです。こんな好都合な話をデートに応用しない手はありません。

「ランチョンテクニック」で女性のハートをわしづかみにして、その関係性を深めるという方法があります。

初めてのデートといえば、食事に誘うというのが定番ですが、なんとなく堅苦しさを感じて女性はためらうものです。

でも、

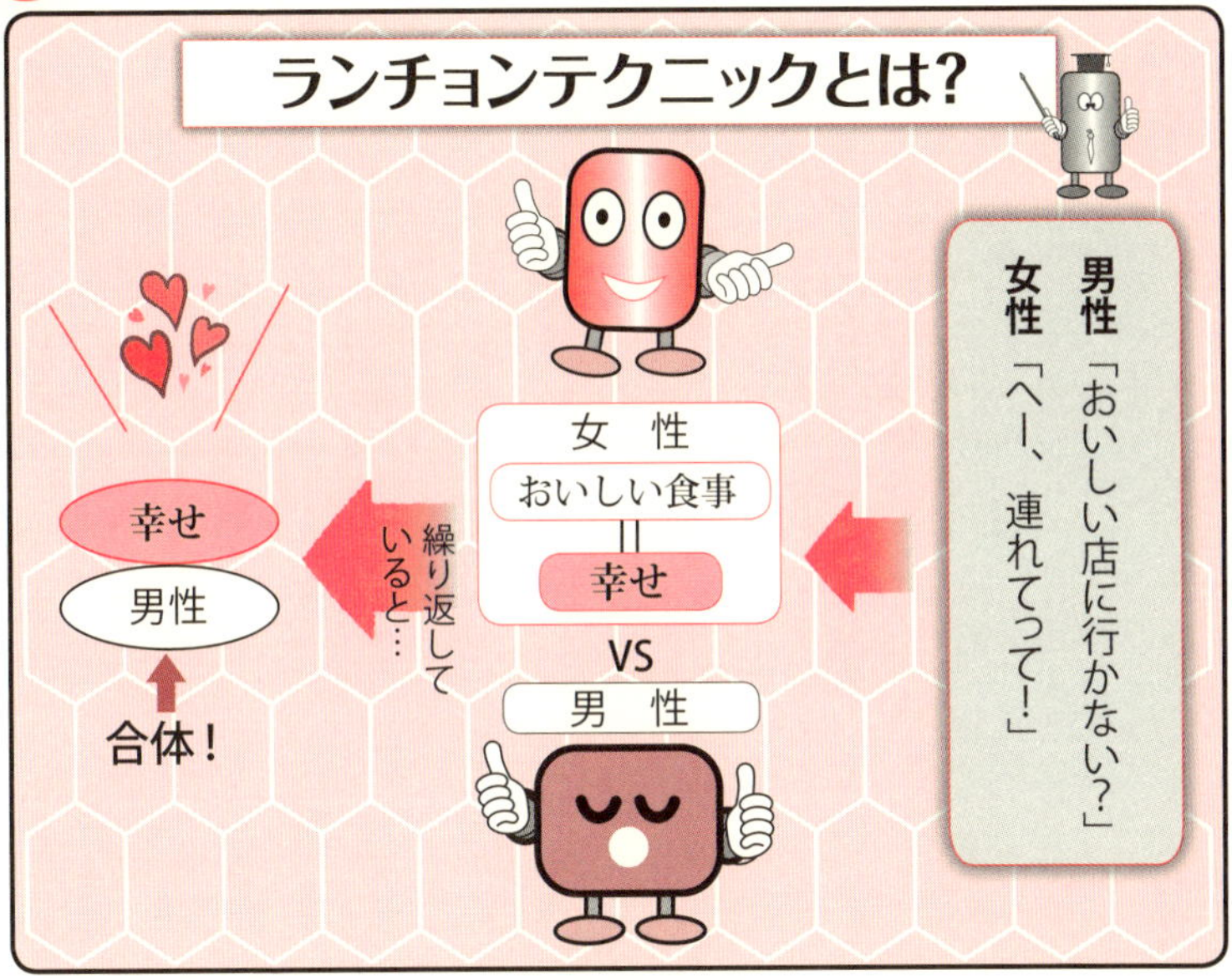
ランチョンテクニックとは?
男性「おいしい店に行かない?」
女性「へー、連れてって!」
女性
おいしい食事
=
幸せ
VS
男性
繰り返していると…
幸せ
男性
合体!

「おいしい店があるけれど、どう?」と誘われると、デートとかを意識しないで、「行く行く……」と乗ってきてくれる女性は結構いるものです。おいしい食事をすることが目的ですから、食事会と思ってきてくれてもかまわないわけです。

**おいしいものを食べて満足するというのは、**誰にとっても幸せといえるものですが、**食事中の会話や一緒に食事をした人に対しても満足度が高くなるため、**食事がおいしかった分、**食事をした相手の好感度も上がります。**

そしてあなたが素敵なお店でいつもおいしい食事をご馳走していると、いつの間にかあなたに会うと彼女はいつも食事のことを思いだして気分がよくなるというわけです。

ランチョン効果で食事とあなたに好感をもってくれたなら、そこから恋愛感情が芽生えて、特別な関係になるかもしれません。仮にうまくいかなかったところで「ふったの、ふられたの」といった気まずい思いが残らないのもまたとてもいいのです。

ただ気をつけておきたいのは、あなたがいつも満腹になりさえすればいいような食事をしているようでは、女性はあなたの誘いには乗ってくることはないということです。

そのような食事をしている相手とは、顔を見ただけで不快感を感じてしまい、それ以上のことは望みはしないということです。女性にとって、食事が恋愛におよぼす影響はかなり大きいのです。

## 食事中しっかりアピールしてハートをわしづかみ

気になる女性を食事に誘うためには、それなりの雰囲気があっておいしい店を事前にリサーチしておくべきです。

すると女性は、

「いいお店ですね。○△さんて意外にセンスあるんですね……」

と、あなたを見直したり、新たな発見に驚いたりということになります。

そしてここからは、あなたが彼女に伝えたいことをしっかりアピールし、二人で楽しく食事をすればよいだけです。

「私のために、このお店を探してくれたのかもしれない」

と思わせたらしめたもの。彼女から好意のお返しという**「返報性の原理」**が期待できるかもしれません。

「返報性の原理」とは、人間心理のひとつで、人から与えられたものにはお返しをしなければ……という感情をもつことです。

どんなお返しかはさておき、女性に「私のために、このお店を…」と思わせたあなたは、ハートをつかまえることに成功したといっていいでしょう。

## 食事を一緒にすることで距離を縮める愛情ホルモン

食事をすることは、人間の本能に根ざした行為なので、その場を共有するということは家族や仲間意識をもつことにつながります。

ドイツの研究によると、食事を仲間と一緒にとったサルと独り占めして食べたサルの尿を調べたところ、仲間と食事をしたサルには、愛情ホルモンと呼ばれるオキシトシンが、多量に分泌されたという報告があります。

食事を一緒にとると、二人の距離がグッと近づくことが、この調査からも証明されています。

おいしい料理を好きな人と食べると、それだけで二人を結びつける愛情ホルモンの分泌がさかんになるのですから、ラブラブ感は間違いなくアップするでしょう。

**料理を共感できる相手とは、ほかのことでも理解しあえる可能性が大きい**ともいわれます。

**Point**

1・ランチョンテクニックで女性の心をしっかりつかむ

2・一緒に食事をすることで、二人の距離はグッと近くなる

小洒落たお店でハートをガッチリつかむ！

24

# さりげないほめ言葉で女性の心をゲット

## ▼相手の心を動かす効果的なひと言

### 相手にわかってくれていると思わせるほめ方

「日本の男性はほめることが下手」

とはよくいわれることです。

照れがあるのか、

「女性をほめるって、何をどうほめればよいのかがわからない」

という人がほとんどです。

ほめられてあまり気分の悪い人はいませんし、ほめてくれた相手に対しても悪い感情をもつより、よい印象をもちやすいものです。

しかし、あまり取ってつけたようなほめ方をされれば、されたほうは、

「何、この人、気持ち悪い……」

「何か下心でもあるのかな？」

と、いうことになってしまいます。

その点、欧米の男性は女性のほめ方が上手です。

「プリティー……」

「ビューティフル……」

から始まって、

「髪形変えたの？　ストレートできれい」

「そのセーター、君の肌にとても似合ってるよ」

と、細やかで自然なほめ言葉が次々繰りだされ、深層心理がくすぐられます。よくもまあこれだけ……と思うほど女性をほめます。

これにはもちろん下心があるのですが、上手

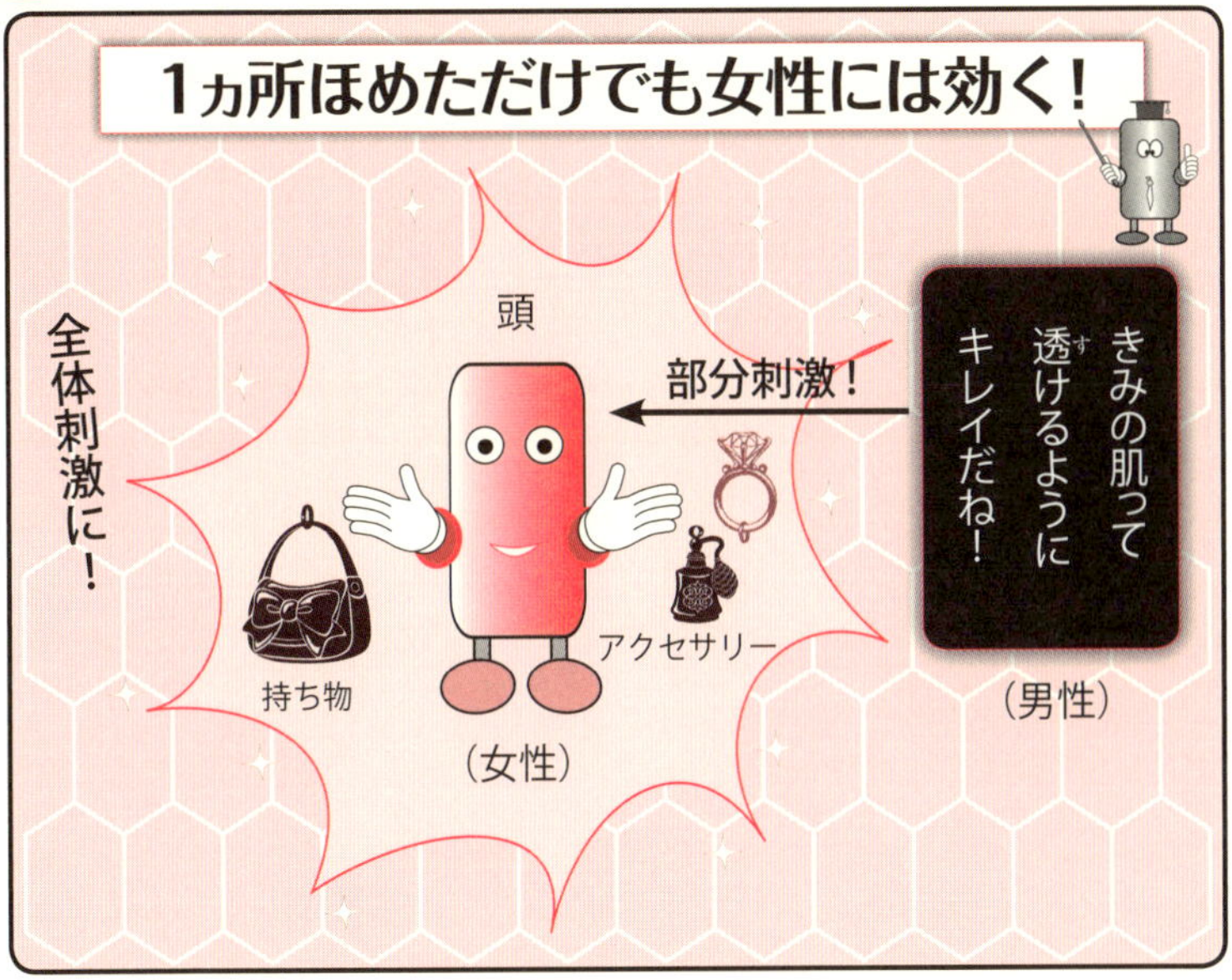
1ヵ所ほめただけでも女性には効く！
きみの肌って透《す》けるようにキレイだね！
（男性）
部分刺激！
頭
アクセサリー
持ち物
（女性）
全体刺激に！

なほめ言葉は女性にそんなことを忘れさせてしまうところがまた憎めないのです。

女性をほめるのにあれこれ考えて、
「何をほめたらいいいんだろう」
「どうやってほめよう」
と、悩む必要はありません。

あなたが彼女のここがいいな、と思ったところをひとつ素直にほめるだけでいいのです。

どこか一部分をほめられた「**部分刺激**」は、女性がすべてをほめられて「**全体刺激**」を受けたかのように錯覚してしまうからです。

ほめるポイントは、外見・行動・能力などいくらでもありますが、その人の価値観や考え方をほめるというのは、抜群の効果があります。

「君の言っていたように○△課長に言ってみたら、即取り上げてくれるって」
「君のやり方、無駄がなくていいから真似させてもらったよ」

なんて言われたら、

「私のことわかってくれているんだ」

とうれしくなって、あなたに好意だけではなく信頼までも寄せてきて二人の距離はグッと近くなるはずです。

## 女性をさりげなくほめる効果と効用

「○△さんの肌って赤ちゃんみたいだね」

と、女性をほめたとしましょう。するとほめられた女性は、自分のすべてがほめられたと思うようになり、自信が出てきて表情も豊かになり、全体的にきれいになってしまうのです。


これは人間の心理メカニズムがそうさせるのであって、

「君は顔もいいけれど、スタイルもいいね」

とか、

「スタイルだけじゃなくて、目も口元もいいね」

なんて全部ほめる必要はないということです。

ほめた男性は、

「全部ほめてあげたから、喜ぶだろう」

と思っていると、

「見た目はいいけれど、内面は悪いってことですか？」

と逆襲されて、かえって嫌われてしまうなんてことにもなりかねません。女性に限りませんが、相手をさりげなくほめることができると、それだけで人間関係はスムーズに運びます。

「この間のあれ、いいですね」


他人が聞いてもなんだかわからないけれど、当事者同士はこれだけで十分わかり合って、ほめられたほうはうれしくなったりすることもあるのです。


フェイスブックではないですが、さりげなく「いいね……」と感じたままを伝えればいいのです。その代わり相手の変化を見逃さずに、的を射ている必要があります。

「ほめなきゃ、ほめなきゃ」

と意識しすぎることのないように、さりげなくほめられるようになることが、女性に好感をもたれるほめ方の秘訣です。

## ほめられ慣れしている美人の効果的なほめ方とは

一般的に美人と言われている人は、ほめられ慣れしているので、外見をほめるのはあまり意味がありません。その代わり外見ではなく、内面をほめられると強く印象に残るようです。

「冷たく見えるけれどやさしいんだね」

「よく頑張っていて偉いよ」

「意外と気配りが上手なんだね」

などとさりげなく言われただけで、喜んでもらえること請け合いです。

ただし言い方には注意をしなければいけません。「美人なのによく頑張っているね」などと言えば、ほめるどころかバカにしているととられてしまうからです。

**Point**

1・女性をほめるのは一ヵ所だけさりげなくが効果的

2・美人をほめるときは外見ではなく内面をほめると印象に残る

部分刺激が女性の心に響く！

25

# コンプレックスをさらして好感度アップ

▼自分の弱みをみせることで生まれる心理的効果

## 自慢話ばかりの強気な男性はNG

最近の若い男の子のなかには、草食系男子なんて呼ばれた子たちもいましたが、彼らは根がまじめで誠実で、仕事もきちんとできるそうです。

競争をあまり好みませんから物静かですが、生活のポリシーをしっかりもっているので案外芯が強いそうです。ただ恋愛とかには臆病で、女性からするとなんだか放ってはおけない、母性が刺激されるタイプといわれています。

しかしほとんどの男性は、仕事第一で頑張っていて「それが男の生きる道」とばかりに、彼女の前でも自分の仕事のアピールをしたがります。

「A社もB社も入札していたのだけれど、うちのチームが権利を取ったんだ」

「どうしてもできないっていわれていたんだけど、直接部長に頼み込んだら、すぐオーケーが出ちゃってさ……」

などと、話すことといえば仕事の話。そのうえ自分がどれだけ頑張っているか、仕事がどんなにできるかばかり。

草食系男子とは相容れないとはいえ、こんなことばかり聞かされていたら、

「女性だって仕事しているんだけれど……」

と、言いたくもなるでしょう。

## 男性が女性に好感をもたれるには？

| (○) | (✕) |
|---|---|
| エリートなのに失敗！ | 仕事などの自慢話！ |
| 頑張ったのに敗北！ | 学校などの自慢話！ |
| 若いのに髪が薄い！ | 昔の不良自慢！ |
| ↓ 母性本能がくすぐられる！ | ↓ コレが多すぎると馬鹿にされます！ |

最初のころは、仕事に燃える姿に憧れて「格好いい」と聞いていた女性も、会うたびに自慢話ばかりではだんだん嫌になって、そのうち「これ本当の話？ 見栄張っちゃってるんじゃないの？」なんて疑われて、挙げ句「そんなに仕事ができるのなら、社長の娘さんとでも結婚すれば……」と去っていってしまいます。

収入も学歴も勤務態度も悪いわけではないし、顔もスタイルもむしろいいのに、なぜか縁遠いなんていう男性は、案外自分では気がつかないうちに、女性の前では見栄を張ってばかりいるなんてことがありがちです。

反対に仕事ができないわけではないけれど、彼女の前では、

「今日は、ちょっと失敗しちゃってさあ……」

のように弱点をさらけだして、相手を油断させるような男性は、母性本能をくすぐり女性の信頼を得てしまうものなのです。

「この人、私を頼りにしているのだわ。私がそ

「私はこの人に必要とされている」と思わせて懐に入り込んでしまうのは詐欺師やプレイボーイが古くから使う常套手段でもあることを、女性は知っておきましょう。くれぐれもこの手の男には要注意！

少子化にまつわる最近の調査によると、未婚で恋人もいない男女が増えているそうですが、「しばられたくない」「必要性を感じない」男子が増えていることが理由のひとつのようです。

したがって、女性にもてることを考えない、口説かない、告白しない、つまり恋愛からは遠い存在といえます。こんな男性の目を覚まさせるのは、女性の母性本能に違いありません。

## コンプレックスもさらけだすほうが好感がもてる

人には誰にでもコンプレックスがあるものです。コンプレックスも弱点と同様に、自分からさらけだしてしまうと、相手には好感がもたれ

ばにいてあげないとダメね……」などと勝手に思ってくれたりするのです。

気になる相手の前ではできるだけ格好よく、ある程度は背伸びして自分をよく見せたいと思うのがふつうの人の心理ですが、自分の欠点や弱点をさらけだすことも男女のお付き合いには必要だということです。

## 母性本能を刺激するテクニック

強いばかりの人間なんていませんし、頑張れば頑張った分だけ力の抜ける時間というものがあることを知っていますから、そのちょっとした瞬間に見せる弱みが、女性の心をとらえるものなのです。しかし、これはあくまで自然発生的に起こるものでなければなりません。

最初から下心をもって計画的に女性に近づき、母性本能を刺激するような行動や言動で親近感を抱かせ、

るものです。

自分が隠したい隠したいと意識していると、相手にもその気持ちが伝わり「言わないようにしなくちゃ……」と変な緊張感が生まれて、本来の人間関係までがギクシャクしてしまうことになります。

たとえば自分のほうから「親父からの遺伝でさあ、そろそろ危ないんだよね」と、ちょっと後退した頭に手をやれるようだったり「寒さが浸みるようになってきたんだよ」と、笑顔で言えると「この人、あまり気にしていないんだ」と、相手は気が楽になり、ほかのよいところを見つけて評価してくれるものです。

コンプレックスは、こそこそ隠して卑屈な気持ちでいるより、自分から見せてしまったほうが、他人はかえって気にしないものです。

本人がコンプレックスに過剰意識をもっていると、周囲の人も過剰に反応してしまうようです。

**Point**

1・弱点もコンプレックスもさらけだすほうが好感をもたれる

2・ちょっとした瞬間に見せる弱みが女性の心をとらえるもの

自慢話ばかりの男性は女性に嫌われる！

COLUMN 3

# ぼったくり被害からみる人間の心の弱さ

夜の繁華街では相変わらずぼったくり被害が後を絶ちません。そしてそのほとんどが人間の心理を逆手にとった方法なのです。

心理学で、一度「イエス」と言うと次も「イエス」と答えたくなるメカニズムがあります。

いったんお店に入るという行為は「イエス」と言った行為と同じなのです。

そこで、ホステスさんから飲み物などをねだられても、一度「イエス」の心理状態に陥っているため、なかなか「ノー」とは言えません。

飲み物一杯でせこい人と思われたら、気まずい雰囲気になり、せっかく支払った基本料金分を楽しめない…などという勝手な思い込みも同時に働くからです。

よく「あと○○円出してくれたらもっとサービスするわ」などと迫ってぼったくるケースもあります。追加のサービスを拒絶したら今まで支払った対価が無駄になるという心理メカニズムが働き、どんどん追加のためにお金を失っていくというパターンです。

# 第4章

# 議論に絶対負けないブラック心理術

## 26 「サービスです」という言葉の魔力

### ▼ウィン・ウィンの関係を巧みに醸しだすテクニック

### 交渉事は譲れる範囲を事前に決めておく

営業マンにとっての交渉とは、駆け引きのことです。

「商売上の駆け引きは真剣勝負で、口先だけでは続かない」

という言葉を優秀な営業マンから聞いたことがあります。

途中経過がどうであれ、最終的に「相手が望んでいるもの」と、「こちらの裁量に合うもの」との間に合意形成ができなければ取引は成り立ちません。その合意形成が完成できるかどうかが、商売の重要なポイントになるのです。

たとえば、営業マンとお得意先の課長が、来期の仕入れ価格について交渉しているとしましょう。

課長は今期の仕入れ個数を500個増やすから、500個を増やした分を含めた全体で10％割引してほしいと主張しています。

一方営業マンは、本心では値引き8％までならなんとか許容範囲内であると計算していますが、本心とは裏腹に「10％は無茶ですよ。いくら頑張ってもうちは6％までで精一杯です」とやり返します。

課長も会社から期待されている重要案件であるせいか、いつになく強引で、

## 気分良く交渉を成立させる技とは

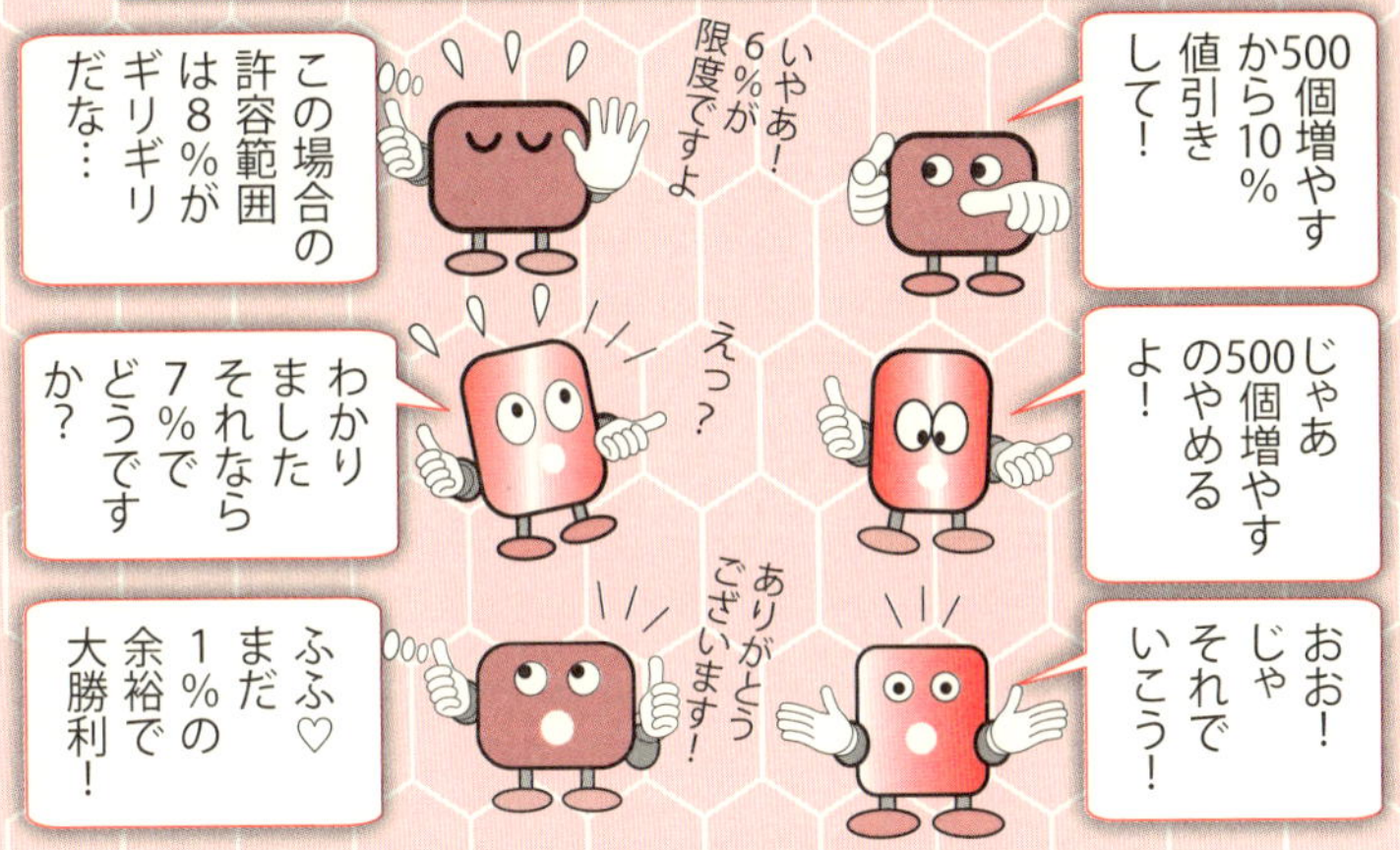
500個増やすから10%値引きして!
いやあ!6%が限度ですよ
この場合の許容範囲は8%がギリギリだな…
じゃあ500個増やすのやめるよ!
えっ?
わかりましたそれなら7%でどうですか?
おお!じゃそれでいこう!
ありがとうございます!
ふふ♡まだ1%の余裕で大勝利!

瞬時に計算をはたらかせて落とし処へ導こう!

「いや、500個多く注文するので、値引きは10%でお願いします」と、簡単には引き下がる様子はまったくありません。

結局交渉は平行線をたどり、「わかったよ。じゃあ今期は仕入れ数を増やすのをやめ、いつもと同じ個数にしよう」と、とうとう交渉が決裂状態になりそうになったのです。

営業マンはこのようなタイミングを見逃すことなく、すかさず、「わかりました。そこまでおっしゃるのなら頑張って、7%まではなんとかしましょう。それならどうでしょうか?」と返答しました。

その後も丁丁発止のやりとりが続き、結局は7%の割引ということで話がまとまりました。

この場合、営業マンは、お得意先の課長が10%

の割引を申し出たとき、8%までなら妥協できるという見通しを立てていたにもかかわらず、7%で交渉を成立させたので、結果的に1%の余裕を残して話をまとめた営業マンの大勝利ということになります。

　このような熾烈な駆け引きは、ビジネスの場では国の内外を問わず、日常茶飯事のように行われているものです。

　営業マンが「交渉は真剣勝負」と言ったのは、たかが1%といえども、会社全体からみれば1%が何百万円、何千万円になることもあるからです。

　実際の金額ベースで交渉をしないのもそのためです。

　1%が数千万円の値引きにあたる場合、

「数千万円値引きしてくれませんか?」

と言うより、

「1%値引きしてくれませんか?」

と言うほうが、心理的に負担が軽い感じが働くからです。

## 気分よく交渉を成立させるコツ

　お得意先の課長が、10%の割引を言ってきたとき、営業マンはまずどこまでなら譲歩できるのかをいちはやく計算しています。

　ここで重要なのは、その範囲内、値引率の最初の数字をどう提示できるかです。

　その数字の提示がこの手法を成功させるポイントなのです。

　すばやい切り返しができるか否かは、普段から自社の製品を、**「どのくらい売ったら、どの程度まで割引しても儲けが出る」**のか、あるいは相手の課長がどのような人物なのかなど、きめの細かい事前のリサーチが大切です。

　私たちが何かを購入するとき、営業マンがよく使う、

「今契約してくださると、○○をサービスでき

ます」

「今回特別に○○をつけます」

といった言葉は、ほとんどの場合、扱う製品の標準サービスの範囲内です。

しかし人はまったくサービスがないよりも、なにかしらのサービスはあったほうが、人間心理としてはうれしいものです。

扱う製品の標準サービスの範囲内かどうかは、お客にはわからないことですから、できることをサービスと言うだけで気分がよくなるのなら、喜ばせたほうがよいのではないでしょうか。

上手な駆け引きとは、いかに相手に気分よく製品を手に入れてもらうのか、ということでもあります。

購入者には、「いい買い物をした」「なんだか得した」と思わせて、気分よく商談を成立させることが、営業マンの腕の見せどころのひとつといえるのかもしれません。

**Point**

1・交渉の際には譲れる範囲を事前に把握しておくのが原則

2・「得をした」と思わせて商談成立できるかが営業マンの腕の見せどころ

「あなただけ」の特別感が人の心をくすぐる！

# 27 交渉は押すだけでなく時には引いてみる

▼考える時間をわざと与える心理的効果

## すべてを伝えないことで高まる関心度

テレビ番組を見ていて、肝心なところになると「続きはCMのあとで」といった手法がよく使われています。視聴者は次の展開が気になり、チャンネルを変えることができません。

おおまかな内容は理解できても明確な結末がわからない、という「中途半端＝不完全」な状態におかれた視聴者は、知ってしまえばなんてこともない結末も、CMという間をおくことによって関心度が高まり、なんとしても結末＝答えを知りたい……という心理に誘導されているのです。

テレビの制作者側はこの心理効果を巧みに活用し、視聴者がチャンネルを変えず、見続けてもらおうと誘導しているのです。

テレビドラマや映画の予告なども、全体のよいところだけを見せて、興味をもってもらおうとしているのは、子どものころに漫画週刊誌の連載を毎週楽しみに待ち、一度読んでしまうとまた次の週の続きが待ち遠しい、あの感覚にも似ています。

このように、人間は不完全な状態におかれると、かえって関心が高まるという心理が働くのです。この心理テクニックは、日常生活のなかでいろいろと利用されています。特にビジネス肝心なところで中途半端にされると…

じゃ！
今日はこのへんで
失礼！
くるっ！
ササ…
エエッ
ちょ、ちょっと
待ってよ！
いいところ
なのに！

盛り上がったところで中断されると待ち遠しくなる！

社会で大いに活用されているのです。

例を挙げてみましょう。

あなたが誠意をもって、ある商品の説明を丁寧にしたとしても、なんだかのらりくらりとした態度の相手というのはいるものです。しかしそういった相手に限って、聞いていないのかと思っていると、突然こちらのある言葉に反応し、その商品に対し興味の意を示すというケースがあるのです。

「よし、これはうまくいくかもしれない……」

このような手ごたえが感じられたなら、

「ではまた、改めまして伺わせていただきます」

と言って、あえて交渉をいったん中断してしまうのです。

相手は商品に対し関心をもちはじめたのに、なぜ中断するのかと思われるかもしれません。が、この中断こそが、次の交渉をスムーズに運ぶ心理効果となるのです。

「あれ、この営業マンは今までこの商品を売りたがっているのに、なんで私が興味を示したら説明しなくなったのだろう?」

テレビのCM状態と同様に、相手は商品に対し過度の興味を抱くことになるのです。そして時間をおくことにより、再度交渉を再開すると結果的にビジネスはうまくいくものなのです。

「買ってください、買ってください」

と猛烈にセールスされ、その熱意に負け、買ってみようかな……という心理状態になったとき、逆にぱったりとセールスを止められた状態を想像してみてください。その商品に対し、顧客の欲求度はかなり大きいものになっているはずです。

つまり、自分の意見を押し通すばかりではなく、交渉をいったん中断することにより相手の心理状態の移り変わりを利用するのも、人間心理を巧みに活用したテクニックだといえます。

## 結論を急がないほうがうまくいく「スリーパー効果」

このテクニックに似たものに「スリーパー効果」というのがあります。いくら説明しても誰が説得しても聞く耳をもたず、自分の考えに固執していた人が、1週間から10日の期間をおくと、それだけで柔軟で軟化した態度に変化するというものです。これも時間をおいたことでその経過中に冷静に考えた結果のことといえるでしょう。

最初のときに感じていた交渉相手に対する、

「態度が気に入らない」

「説明が下手だった」

などという商品そのものと関係のない周辺記憶の印象が希薄になり、本題部分、つまり商品の本質のみが判断材料になった結果、

「ひょっとしたらいい商品なんじゃないか」

という心理状態になったわけです。

## 男女の関係にも使えるスリーパー効果

猛烈にアタックを繰り返して、相手の気持ちを考えずに押しまくるのもひとつの方法かもしれませんが、相手の気持ちを尊重する意味でも、考える時間を与えるのは必要なことです。

特に男女の関係では、強引なだけでは嫌がられてしまうものです。冷静になって気持ちの整理をしてみる期間があってこそ、正しい選択ができるというものです。

毎日猛烈にアプローチされ続け、ある日その男性から突然音沙汰がなくなると、逆に彼女はその男性のことが気になりだすという心理効果も、交渉＝求愛行動を途中で中断することで、彼女の気持ちに変化が生じたのです。

最初から眼中にない男性からのアプローチは無駄ですが、少しでも可能性のある間柄なら効果的な心理テクニックでしょう。

**Point**

1・不完全な状態におかれていると人はかえって関心をもつもの

2・交渉の結論は急がずに中断したしたほうがよいこともある

あえて退くことで関心度は高まる！

28

# 交渉時には第三者を立てて有利に運ぶ

▼バランスをとろうとする潜在意識を巧みに衝く

## バランスをとることで自分を納得させる心理

ネコが苦手な青年が、ネコを飼っている女性とお付き合いしていました。

それでも彼女のことが大好きなので、

「ネコを飼ってるくらい……」

と思い、我慢しながら彼女とのお付き合いを続けていたのです。

この青年の心理状態には、ネコから逃げて彼女と別れるか、ネコを我慢して彼女と付き合うかというふたつの感情が混在しています。

このように、人が自分を取り巻く出来事に対して、深層心理でバランスを保とうとすることを「バランス理論」といいます。

つまり、青年は両方の心理状態を保つことでうまく相手との人間関係を保っているのです。これが片方の心理状態だけが強くなると、どちらの心理が勝つにせよ、人間関係は悪化します。

たとえば、あなたがあるタレントさんを好きだと仮定します。そのタレントさんが、ある製品のテレビＣＭに出演している姿を見て、

「あっ、○×さんが使っているなら自分も使ってみよう」

という心理が働くのも、この「バランス理論」を応用したものです。

バランス理論は交渉事にもよく使われています。

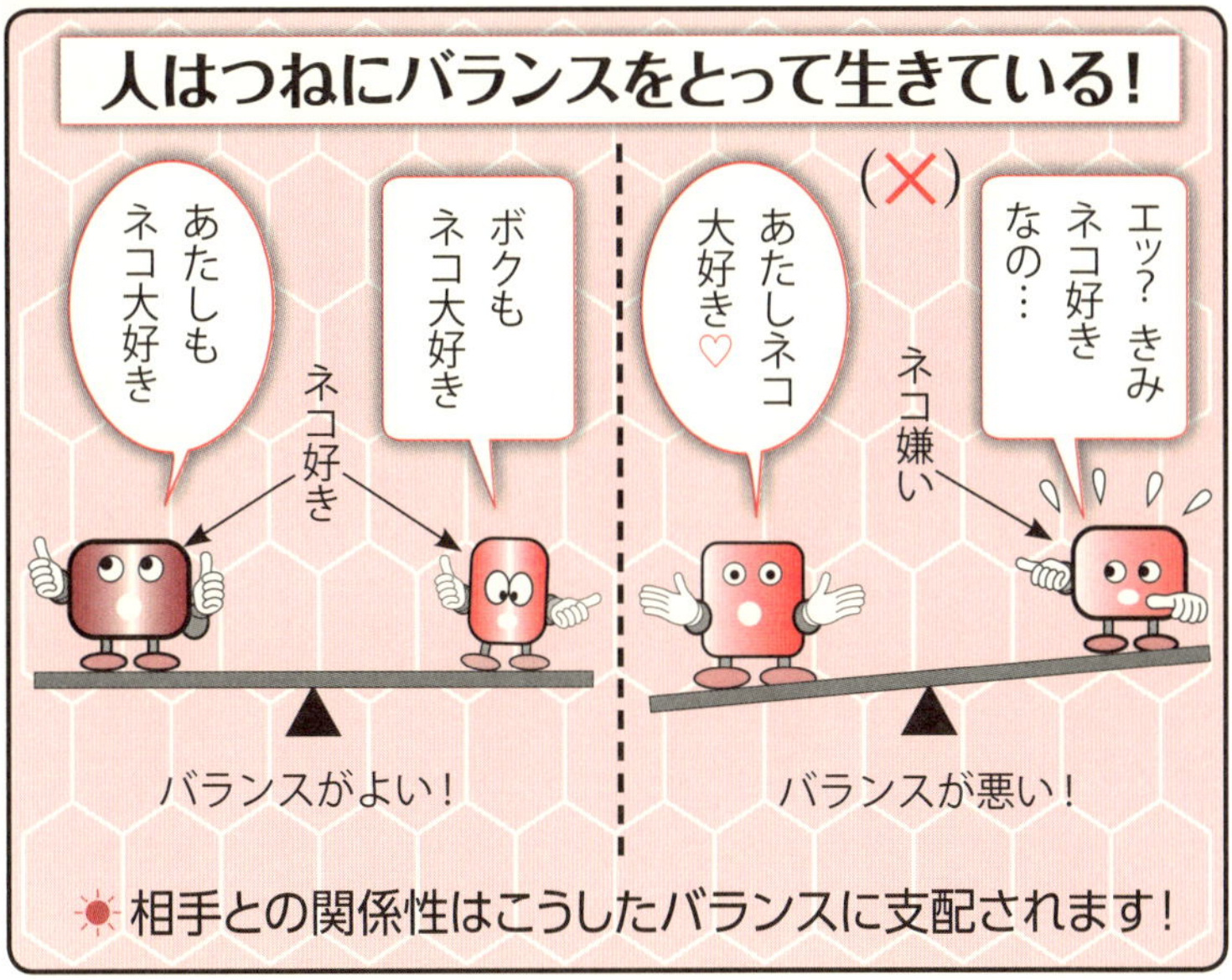
人はつねにバランスをとって生きている！
ボクもネコ大好き
あたしもネコ大好き
ネコ好き
バランスがよい！
(✕)
エッ？きみネコ好きなの…
あたしネコ大好き♡
ネコ嫌い
バランスが悪い！
相手との関係性はこうしたバランスに支配されます！

相手を説得するようなとき、

「○×さんも、賛成してくれました」

と、ひと言付け加えることで同意を得ようとすることがあるはずです。

○×さんという人が、相手にとって信用のできる人物であるならば、

「○×さんが賛成しているなら、問題ないでしょう」

ということで、交渉はすんなりとまとまってしまうわけです。

あなたと交渉相手との関係がまだ深まっていないときに、第三者である○×さんを介在させることによって、あなたと○×さん、交渉相手と○×さんの関係が、あなたと交渉相手、○×さんの三人の人間関係のバランスとなって保たれることになるわけです。そのため交渉相手は、あなたに賛成してくれるのです。

この場合、交渉相手と○×さんとの仲が深い信頼関係にあればあるほど、交渉はよりスムー

ズに進展するということになります。

交渉を円滑に進めるために、ぜひとも利用したい手法ではありますが、注意しなければいけないこともあります。

## 第三者と交渉相手との人間関係は重要なポイント

第三者となる人物と交渉相手の関係を正確に把握しておくことは、とても大切です。

たとえば、交渉相手と第三者が同じ会社に勤めているというだけで、あなたが第三者の名を挙げ、

「○×さんも賛成してくれました」

とやってしまったところ、じつは交渉相手と第三者の間は犬猿の仲で、

「えっ、○×が賛成したの、それはダメだね」

となって、交渉は実を結ぶことはなくなってしまいました。

この場合、交渉相手と犬猿の仲の○×さんを交渉相手と一緒になって、徹底的にこきおろしてしまえば、賛成を得ることもできるわけですが、あなたは○×さんに対してうしろめたい気持ちを引きずらなければならないことを、覚悟しておかなければならず、あまり懸命な方法とはいえません。

第三者を介在させて交渉を進展させようと思うのなら、事前に相手の人間関係を調べて情報を収集しておくことが必要です。

## 彼女とネコとの板挟みで彼がとった方法は

さて、最初のネコの苦手な青年の件ですが、彼がどうしたかというと、彼は悩んだ末に結局彼女に自分の気持ちを伝えることができず、彼の友人に「ネコを引き取って世話をしてほしい。そして彼女が会いたいときには、いつでも会わせてほしい」と先に相談をしておいて、彼女を説得しました。

「キミとは別れられないから、ネコを手放してほしい。その代わりいつでも会えるようにするから」

と言ったところ、彼女はこう言ったそうです。

「私はあなたのことが大好きよ。でも、ネコも大好き。私からどちらかを取ったら、私は私でなくなってしまうから、このままがいいの」

この言葉を聞いた彼はあきらめて、ネコと彼女と3人（?）で前のように暮らしているそうですが、このバランスがいつまで保たれるのか、友人たちの間では心配されているようです。

恋愛によく取りざたされるバランス理論ですが、この場合はやはり彼が彼女と別れられないのならば、彼は彼女の好きなネコを好きになるより仕方がないのです。

人はいろいろな意味でバランスをとりながら生活しているわけですから、彼にとってのネコの存在が、今後どのように変化するのかは興味のあるところです。

**Point**

1・人はバランスをとりながら自分を納得させている

2・交渉に第三者を入れてバランスをとるためには、対象人物をよく知る必要がある

第三者の後押しが大きな効果を生みだす！

# 29 クレーム処理の基本は「同調」すること

▼クレーム対応で重要な人間心理のつかみ方

## 人間心理をとらえた対応を最初に心がける

ビジネス社会において、クレームは切っても切れないものです。クレーム処理をひとつ間違えると、最終的にとんでもないことに発展しかねないので、その対応には十分注意が必要です。

クレーム処理ですが、ちょっとした心理テクニックを活用するだけで、たいていの場合、解決の糸口が見えるものです。

どんな原因であれ、クレームをつける顧客の心理状態は「怒り」の状態にあります。人間はこの状態になると、なかなか人の話を聞く心理状態にはありません。

つまり、クレームの初期段階では、相手にどんなコメントを言っても、聞き入れてもらえない状況にあるのです。そのため、まずは相手の言い分を聞く、つまり聞き役に徹することが重要です。

相手が興奮状態のため、つい途中で自分の言い分を主張したくなる気持ちも理解できますが、言い訳は相手の興奮状態に油を注ぐことになり、さらに「怒り」の心理状態が大きなものになります。

心理学で**「同調効果」**というものがありますが、クレーム処理では、この「同調効果」が大きな威力を発揮するのです。

ひと通り、相手の言い分を聞き終えたら、そ

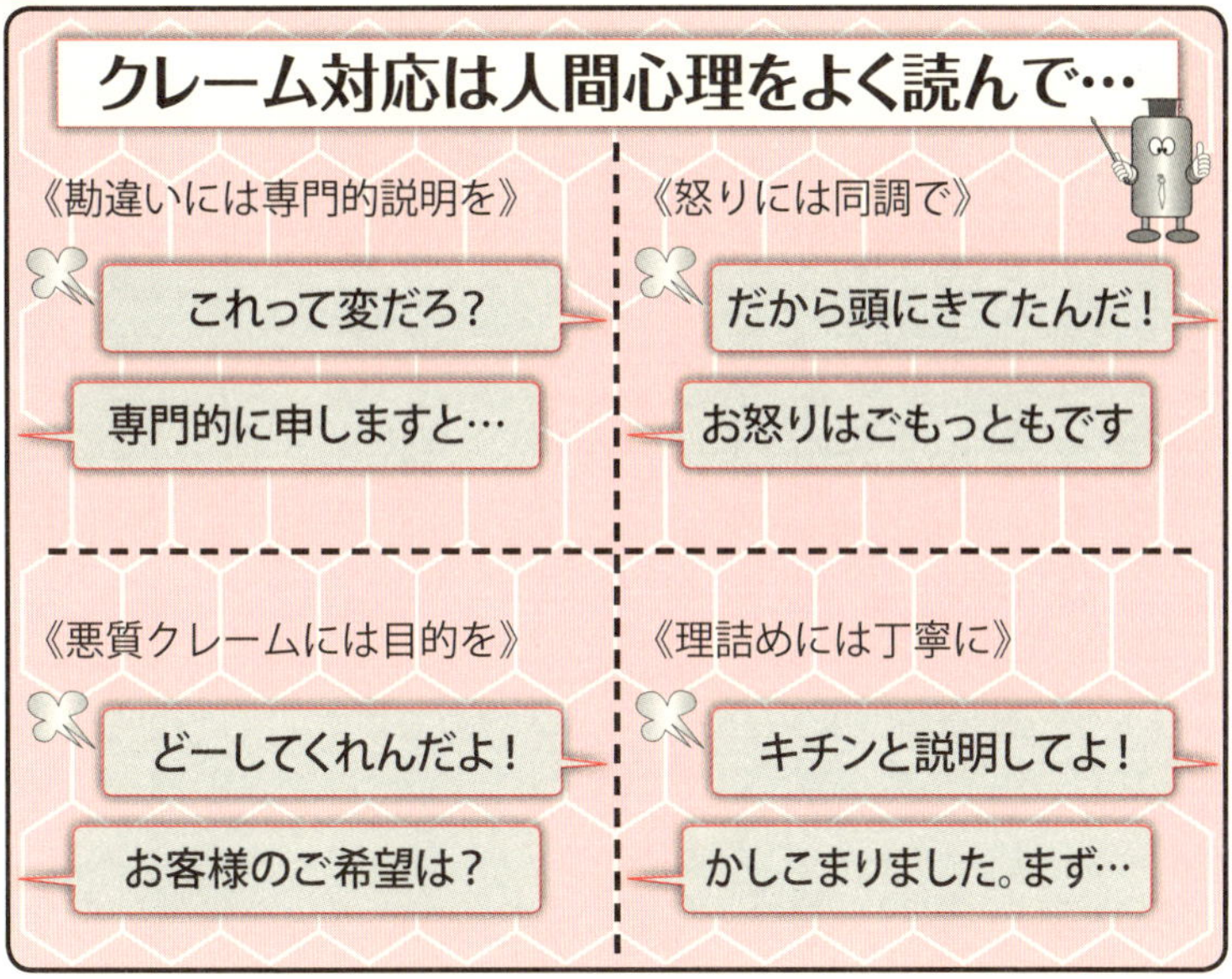
クレーム対応は人間心理をよく読んで…
《勘違いには専門的説明を》
これって変だろ?
専門的に申しますと…
《怒りには同調で》
だから頭にきてたんだ!
お怒りはごもっともです
《悪質クレームには目的を》
どーしてくれんだよ!
お客様のご希望は?
《理詰めには丁寧に》
キチンと説明してよ!
かしこまりました。まず…

の意見に「同調」するのがコツです。

**客**「……つまり、この商品は欠陥だらけなんだよ」

**自分**「貴重なご意見ありがとうございます。私もお客様がお怒りになるのはごもっともだと思います」

　このように、相手の指摘にいったんは同調すると、「怒り」の心理状態は徐々に穏やかになるものです。つまり、相手の気持ちとまずは「同調」することが、心理学的からみてもクレーム処理のいちばん重要なことなのです。

　ここで忘れてならないことは、いくら相手の意見に「同調」するといっても、商品が欠陥であるということに同調してはいけません。同調するのは、あくまで「怒り」の気持ちになった過程だけです。

## クレームのパターンを見極めて対処する

クレームといっても様々なパターンがあるので、内容をよく聞いて冷静に見極めたうえで、それぞれに適した対応が望まれます。

よくあるケースをご紹介すると「**思い違い型**」というパターンです。

商品のイメージが自分の思っていたものと違うという理由で、クレームをつけてきます。そのような場合には、専門的な見解に基づいた威厳ある対応をします。専門的なアドバイスには、心理学でいう「**威光暗示効果**」があって、相手に納得してもらいやすいのです。

逆に、実際に商品に問題があって、相手が苦情を言ってきている場合には、迅速で誠意ある対応をしなければなりません。

同じクレームでも相手が冷静に理詰めで、「どうしてこうなるのか、説明してください」というような相手には丁寧に納得するまで説明をするべきですが、こちらの矛盾を衝いてくる可能性もあるので、感情的なタイプよりも相当手ごわいです。

クレーム処理はケースバイケースで、相手の心理をいかに読んで対応を間違わないかにかかっています。

## 悪質クレーマーには毅然とした態度で臨む

最近では単なるクレームを言ってくるクレーマーではなく、些細なことなどにいちゃもんをつけて金品を脅し取ることを目的とする、悪質クレーマーの存在も見逃すことはできません。

そもそもクレームとは、製品やサービスに対する苦情のことをいいますが、損害賠償を伴う場合などもあり、その金額等が社会通念上明らかに認められないような要求をするような輩《やから》を、「**悪質クレーマー**」と呼んでいます。

悪質クレーマーは、だいたいほかの客がいる店内で、店員を大声で脅します。困った店側が悪質クレーマーをなだめ・すかし、とりあえずいくらかのお金を包んでくれることを狙いとしているのです。

この手のクレーマーは、どこまでが法に触れないかをよく知っているので、自分から、

「金をよこせ」

などとは決して言いません。

そんなことを口走ってしまえば、恐喝罪に問われてしまうこともよくわかっているのです。

だからこそ大きな声で脅しつけて、怖がらせて相手の判断でお金を出させるように仕向けるために躍起になるのです。

悪質クレーマーのこんな心理が読めたら、相手の挑発には乗らないことです。

クレームがあったなら、客の言い分をよく聞き謝罪をします。それ以外は毅然とした態度で、臨めばよいのです。

**Point**

1・クレーム処理には人間心理をとらえ、同調して対処する

2・悪質クレーマーには毅然とした態度で臨むこと

相手に同調して話をよく聞くこと！

30

# プレゼンでは結論を先に言ったほうが有効

▼自分の主張を切りだす効果的タイミング

## 話し方は状況に応じて使い分ける

自分の主張を、絶好のタイミングで切りだすことができる人は、話し上手な人です。つまり話し上手な人とは、自分勝手にしゃべるのではなく、相手の様子をよく見ながら状況に合わせて話を進めていくことのできる人なのです。

第2章の11項でも少し触れましたが、話し上手な人が使い分けている「**クライマックス法**」と「**アンチクライマックス法**」について、ここでは詳しく説明することにします。

交渉の際にビジネスマンが大切にしていることのひとつに、

「相手の話をよく聞き、相手の立場になって考えてみる」

というのがあります。自分の言いたいことや要望を、こちらの都合で相手に押しつけるようでは交渉は成功しません。

相手側の主張をよく聞き、相手の立場にも理解を示すことのできる人が、交渉上手といわれる人なのです。

おたがいの関係が良好のなかで自分の主張をうまく切りだし、相手に印象づけることができれば交渉は成功です。

説明をしている間に相手がこちらの話に興味や関心をもって食いついてきたときに、そのタイミングで話題を核心の部分にもっていくのが

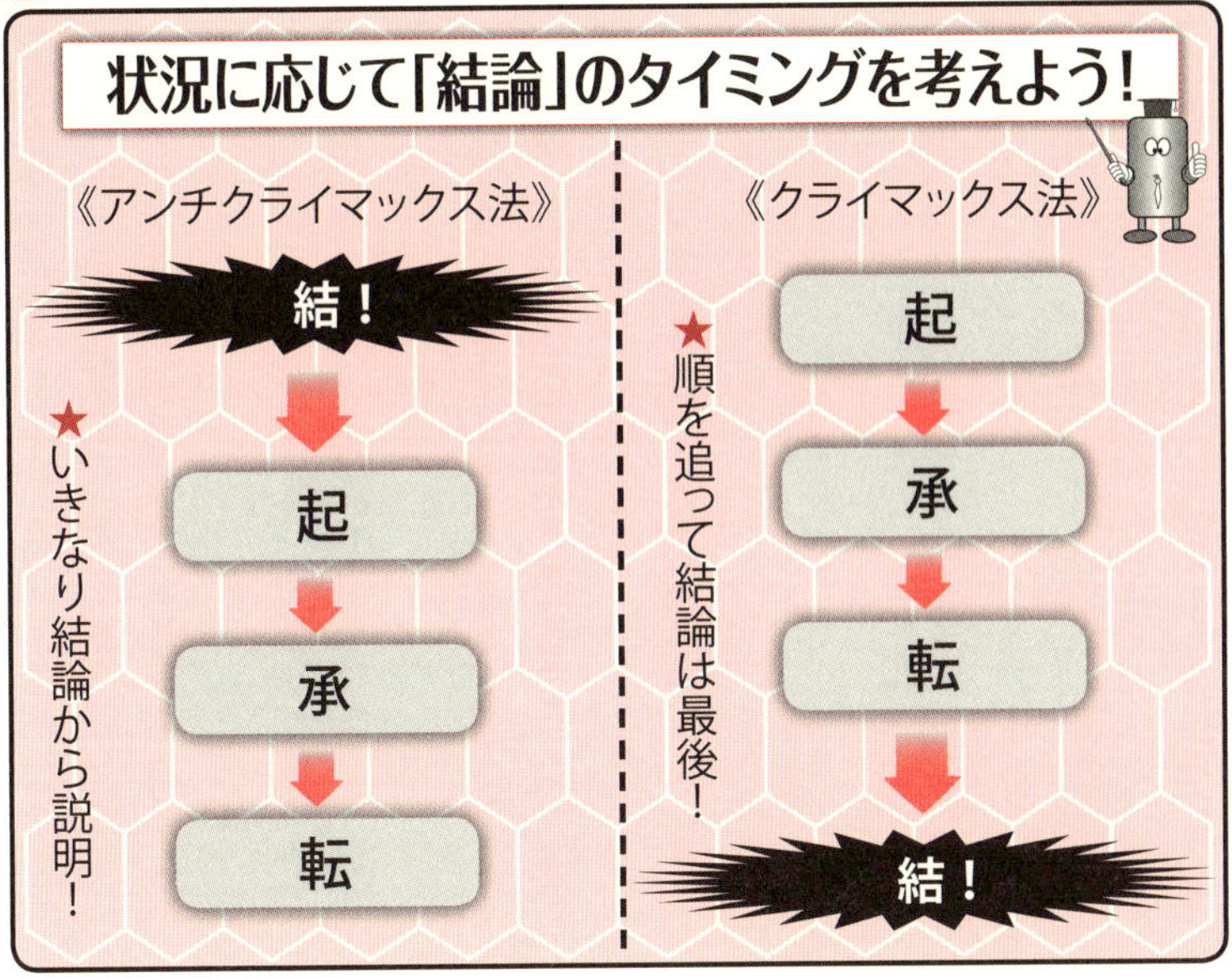
状況に応じて「結論」のタイミングを考えよう！
《アンチクライマックス法》
結！
起
承
転
★いきなり結論から説明！
《クライマックス法》
起
承
転
結！
★順を追って結論は最後！

「クライマックス法」です。

「クライマックス法」は、形式にこだわるタイプや粘り強い人に好まれるといわれます。

それに対し「アンチクライマックス法」は、相手があまり話に興味を見せることもない状態で、話も聞かないような雰囲気のときに効果的で、いきなりいちばん重要な話から切りだす話法です。

関心のない様子の相手に、核心からはずれた話をしたところで、

「何が言いたいのかな」

「今、時間がないからこの次にしてくれる」

と、体よく断られかねないからです。

このように結論を先に言ってしまい、あとからその説明をする**「アンチクライマックス法」は、論理的思考を好む人や合理的なタイプに受けがいい**といえます。

特にプレゼンテーションの場では、結論を先に言ってしまう「アンチクライマックス法」が

有効なケースが多いものです。

しかし、あなたのプレゼンが、話しはじめると相手が乗りだしてくるような自信のある内容なら、あえて「アンチクライマックス法」で進めてもうまくいかず、「クライマックス法」を使わず、「クライマックス法」で進めてもうまくいきます。その場の雰囲気や相手の様子を見極めて、使い分けるといいでしょう。

## 会議に今日から応用できる二つの話法

この二つの話法は、会議で発言するときにも応用できます。

会議の出席者が議題に高い関心を示しているようなら「クライマックス法」で、意見が出そろって結論が見えはじめたタイミングで発言すると効果的です。最後に全体の意見をまとめるような発言内容になると、あなたの印象は強く残ります。

出席者の関心が低い会議では、少しでも緊張感のある、会議の始まったばかりのうちに発言をしたほうが印象に残りやすい「アンチクライマックス法」がいいのです。その理由は、時間が経てば経つほど出席者のテンションは、ますます下がってしまうからです。

自分の主張を効果的に発信するためには、話す順序やタイミングを見計らい、相手の状況を読むことです。それによって説得力や相手に与えるインパクトが大きく違ってくるからです。

## 商品販売にも応用されるアンチクライマックス法

最初に結論を述べてしまう「アンチクライマックス法」を応用した商品販売方法は、ネットやテレビでも使われています。

キャッチフレーズのように、結果を最初にもってきて、そのあと詳しい説明をする方法です。

「一週間飲むだけで見違える肌」

「主婦の8割が効果を実感」

「一日一回飲むだけで痩せる」

どれも目にしたことがあるかと思いますが、この結論に惹かれて商品を購入してみようと思う気になるわけです。

相手に関心をもってもらうための手法ですから、結論がインパクトのあるものほど興味をもたせる効果は大ですが、商品内容があまりに結論と相違するようではまずいので、注意しなければいけません。

この手を悪用するのが「押し売り営業」です。はじめにおいしいことを言っておいて、客が興味をもちはじめるとじつは大したものではないことがわかり、気づいたときには、すでに断れなくて……なんてことになって、要らないものを買わされてしまうのです。

そのくらい、アンチクライマックス話法は、効果があるので、使い方しだいであなたの話を聞いてもらえるようになること間違いなしです。

**Point**

1・状況に応じて結論を先に話すかあとにするかを選ぶ
2・アンチクライマックス法は、押し売り商法にならないように要注意！

プレゼンはアンチクライマックス法で！

# 31 相手の要求に応えるセールストーク

▼相手を納得させる巧みな心のコントロール法

## 自信のある態度が相手の気持ちを動かす

先日、炊飯器が突然故障してしまったので家電量販店に行き、売り場を見ていると、さっそく店員がやってきて説明を始めました。

ひと通り説明が終わったところで、事前に調べておいた新製品についていくつか質問をしてみたところ、急に落ち着きがなくなり説明もしどろもどろになってしまい、挙げ句、

「少々お待ちください」

と言ったまま、店の奥へと引き上げてしまったのです。

しばらくすると、先ほどとは違う店員がやってきて、こちらの希望の商品について的確に対応してくれたので、納得して買い物をすませることができましたが、最初の店員の自信のない態度を見ると、

「この商品、大丈夫なのかなぁ～」

という気になってしまいました。

店員がこちらの質問に自信がない様子を見せると、商品を購入しようという意欲がそがれてしまうものです。

商品を扱う立場の者は、まず自分自身が商品のことを十分に理解し、納得していないと、相手を説得するのは難しいということです。

それとは逆に、店員のなかには客の前で堂々と自信たっぷりに話をし、客が圧倒されたり感

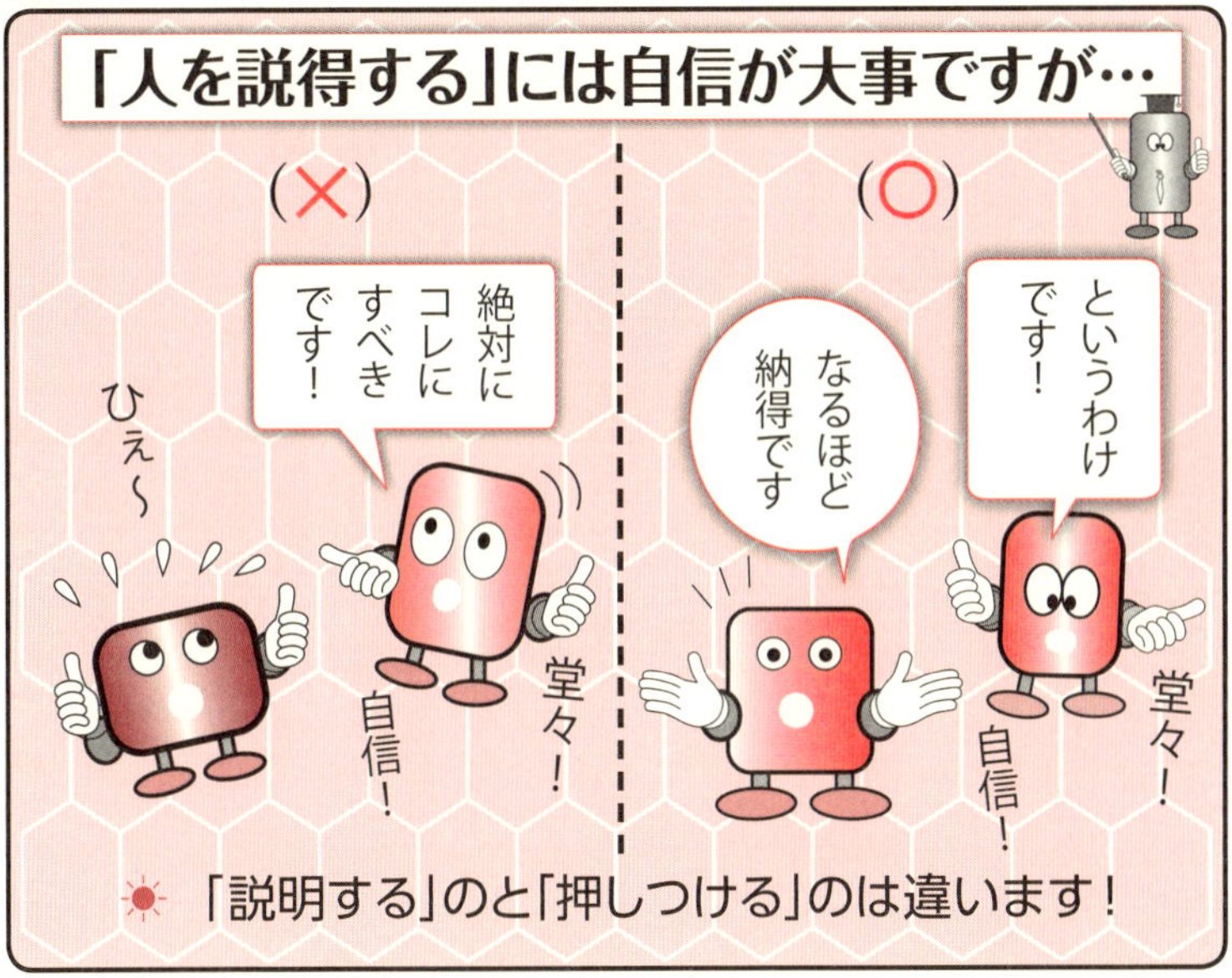
「人を説得する」には自信が大事ですが…
（×）
絶対にコレにすべきです！
ひえ〜
堂々！
自信！
（〇）
というわけです！
なるほど納得です
堂々！
自信！
「説明する」のと「押しつける」のは違います！

心させられたりといった人がいますが、このような店員というのは客を説得する前に、まず自分自身が納得ができたという、きちんとした裏付けをもっているものです。

人の心理をコントロールしようと思ったら、まずは自分の心のメカニズムを知ったうえで、「どのようなことにも動じない自信」をもたなければならないということなのです。

そのためには、仕事をマニュアルに沿ってこなすだけではなく、**マニュアルのひとつひとつの意味を自分なりに理解し、自分の言葉で相手に説明できる**ようにならなければ、説得はできません。

毎日が説得の繰り返しともいえる営業マンほどではないとしても、ビジネスマンであれば、人を説得しなければならない場面に遭遇する機会は多いはずです。

そのときに気をつけなければならないのが、

相手が「押しつけられた気がする」「押し切られた」と不快に思うような説得の仕方をしてはいないか、ということです。

## 説得と思わせずに説得する方法

店員が、自分がいいと思う製品を客に勧めて、客も店員と同じ考えで納得して製品を買い求めた場合と、客が店員の考えで説き伏せられて購入するのとでは、あとあとの印象は大きく違います。

相手の気持ちを動かすためには、相手がどのような製品を望んでいるのかを注意深く聞くことが大切で、相手が求めている製品を勧めるべきです。

自分がいいと思うと、客の希望を無視して熱く語ってしまう人がいますが、これで説得された客は「とても熱心だったから」と、折れてしまっただけなのかもしれません。

熱く語れば熱い思いが届く、などということは滅多にありません。くれぐれも熱い思いが伝わって気持ちが動いたなどとは思わないことです。

相手の気持ちを動かすためには、

**「私は、あなたの役に立つと思うから伝えたいのです」**

という思いを込めて話すようにします。

すると相手は、説得されたという感じがしないものです。相手が納得するような説得術を心がけるようにすると、うまくいくでしょう。

## 相手が納得する説得術とは

たとえばあなたが家電品や洋服など、少し値の張るものを、店に買いに行ったとします。高価なものですからある程度事前に調べて、自分なりの見当をつけてから行くはずです。

ところが店に入ると、あなたの思惑などはおかまいなしに「こちらが人気です」「今、売れていますよ！」などと店側の都合や店員の好みを押しつけてくることがあります。

これでは「今日はいいです」と言って、店を出てきてしまうのは人間心理として当然です。

客が店に入ってきたら、まずは何を求めているのかを探り、求められたらそこで必要なアドバイスをします。

なんだか頼りないようですが、客にしてみれば、自分の気持ちを思いやってくれるような店員の対応は、それだけで商品に対する信頼へとつながるものです。

客が自分でいろいろ試してみて、納得するように力を貸してあげるくらいでよいのです。

**求められたときに適切な助言ができる**ようなら、客はそれだけであなたに説得されているのも同然です。客の立場に立った対応が上手にできれば、それも説得術なのです。

**Point**

1・人を説得するのには自分が納得していなければ難しいもの
2・相手を説得するためには相手の立場に立った対応が大切になる

立場を理解するだけで説得できる！

# 32 わざと目線をはずし動揺を誘うテク

## ▼心を巧みに操れる目線のはずし方とその効用

### いかにして交渉相手を自分のペースに引き込むか

「目は心の窓」といわれるように、目線には人の心理が隠されていて、話の内容とは別に心の動きを微妙に反映しているものです。

話しているときにジッと相手の目を見つめたり、スーッと目線をはずしたり、さまざまな動きをする目線を上手に活用することによって相手を自由自在に操ることができます。

人は一般的には、親しくない相手とは目線を合わせないようにしているものです。それは相手との心理的距離をとろうとする行為です。また相手が不安をもたらすような存在の場合には、ジッと見つめることができずに、目線をそらせてしまいます。

相手の目を見て話すことは、会話の際のマナーのようにもいわれていますが、ジッと見つめたままでいる人は、相手の目からなんらかの気持ちを読み取ろうとしているのかもしれません。

また自分を優位に位置付けて、相手を支配しようという気持ちの表れでもあります。目の表情から心の状態を知ることができるわけです。これを交渉事にも応用していきます。

交渉中、それまであなたの目を見て話を聞いていた相手が、突然スーッと目線をはずしたら、あなたはどのように感じますか。

**人は相手の目線ひとつで動揺する!**

急に目線をはずされただけで平常心ではいられない!

「あれ、何かおかしいこと言ったかな?」

「気を悪くさせたのかな?」

と、急に不安になって相手の心の動きを詮索しはじめるに違いありません。

そうなると交渉には身が入らず、相手の目の色から何かを読み取ろうとそればかりが気になって、交渉を冷静に進めることができなくなってしまうはずです。

つまり、目線を合わせて話をしているときは、おたがいに同等の関係が保たれていると考えられますが、どちらかが目線をはずしたとたん、目線をそらされたほうは「なぜだ」と思い、そのことばかりが気になり平常心ではいられなくなるのです。

## 強気の相手ほど効果がある「目線はずし」実践術

交渉が互角の関係を維持して行われていたときに、目線を先にはずしたほうがその時点で優位に立って、ペースを握ってしまう**「目線はずし」**の心理トリックがあります。

ちょっとしたことですが「目は口ほどにものを言う」わけですから、意識的にうまく使わない手はありません。

たとえば打ち合わせをする相手が、あなたにとって苦手なタイプだとします。いつも相手のペースでことが進められ、満足な交渉ができずに、気がつくと相手の思惑通りになっているのだとしたら、この「目線はずし」を試してみてください。きっとあなたのペースに引き込むことができるでしょう。

最近では、人の目線と心理の関係が研究されてきて、自分から先に目線をはずすことができない人というのもわかってきました。

性格的にはポジティブな人のほうが、ネガティブな人より先に目線をはずすほうが多いというのです。

目線を先にはずすという行為が、

「話を聞いていません」

「話がつまらない」

といった積極的な意思表示につながることもあって、内向的な性格の人は自分から目線をはずすことができない傾向にあります。

もっとも、相手の目をそらさずにいることが、「あなたの話を聞いています」というメッセージだとしたら、最初から目を合わせない人というのは、

「あなたの話は聞く必要なし！」

という気持ちを表していることになります。

## 相手のうそが目線の動きから読み取れる

話をしている相手が「うそを言ってるんじゃないかな?」と、思ったことはありませんか。

そのようなときに目線を見るだけで、うそを言っているかどうかがわかる方法があるので、お教

えしましょう。

うそをつくためには、脳の中の言語を司っている左脳が活発に働きます。左脳は人の右半身を支配しているので、うそをつくときには目線は右に動くのです。怪しいと思ったら、目線が右に動いていないかを、確かめてみるとよいでしょう。

反対に、正直に言うときは、目線は左に動きます。なぜなら、反射的に自分の脳の中のイメージを探る働きは右脳によるものなので、右脳を司る左半身が目線を支配するからです。

商談の際に、なんだか大きなことを言ったら、すかさず相手の目線の動きを確かめてみるとよいでしょう。

もし目線が右のほうに動いていたら「ああ、うそを言っているんだな」とわかるので、そこは大人の対応でさらりと受け流すか、驚きをオーバーアクションで表してあげるなんていうのもよいかもしれません。

**Point**

1・目線を合わせている間は同等だが目線をはずされたときは動揺する

2・目線に表れる人間のさまざまな心理を知ると相手を操ることができる

目線の動きで相手のうそはわかる!

# 33 絶体絶命から逆転する会話テクニック

▼心理トリックを活用してピンチから抜けだすコツ

## 追い詰められたら思考を変えて切り抜ける

交渉の場面で、どうしたわけか相手に主導権を握られてしまい、このままでは不本意な結果になってしまいそうな経験をしたことはありませんか。

そのようなとき、人は「どうしよう」「なんとかしなくては」とあせり、そのためにかえって空回りしてしまい、ますます状況は悪くなりがちです。

絶体絶命のピンチと思ったら、まず「自分は今ピンチだ」と認識し、冷静に現状を受け入れ立て直しを図ることです。

相手はこちらの状態を見て、チャンスとばかりに一気に押しまくってくるはずですから、とりあえずその勢いを止めなければなりません。

たとえば相手が、

「では、この件はこちらの提案通りでよろしいですね」

と話をまとめにかかったら、その言葉尻をとらえて、

「それは、机上の空論ってものだな」

「現実性がないから無理でしょ」

などと取り合わないようにします。

「ちょっと待ってください、その件は先ほども申しましたように……」

などとまともに議論しては、相手は勢いに乗っ

追い詰められたら「切り抜けるセリフ」で!
というわけで
この結論で
よろしい
ですね?
あっはっはー
そりゃ
無理でしょ
机上の
空論!
急がば
まわれっていう
でしょう!
あはは…
ピンチのときは反撃せずに、「はぐらかし」で回避する!

ていくらでも反論してきますから、相手に反論の余地を与えないように、矛先をかわすのです。

そうなると相手は、

「たしかに実際にどう動くかは、やってみないことにはわからないでしょうけど……」

などと、それまでの勢いを失い、話の方向を変えざるを得なくなります。

とかく人は自分の窮状は認めたくないものですが、ピンチの際に不用意に反撃に出ればかえって大きな痛手を被ることになるので、あせらずに今できること、やらなければならないことだけを考えて、次の機会を待つべきなのです。

追い詰められたら、それまでの考え方からは一度離れて、まずはその場を切り抜けることに専念すべきです。

そのようにして危機は脱したものの、どうやら今回の交渉にどうしても勝ち目はなさそうだと判断したなら、結論を先延ばしにするのもひとつの方法です。

## 「ことわざ効果」で起死回生を狙うのも一手

いよいよ相手が最後の詰めを迫ってきたら、その場に適したことわざや故事成語を使ってみると意外と効果があるものです。

「ことわざとは言葉がツエの形に変化して、倒れそうな人間を支えるもの」

と五木寛之氏は『杖のことば』のなかで記しています。ともかく倒れてしまわないように、ことわざに助けてもらうわけです。

「ではこのあたりでまとめということで……」

などの展開になってきたら、すかさず、

「〝急がばまわれ〟と言うじゃないですか。〝急いてはことを仕損じる〟ことになりかねませんよ」

などと言ってみます。

交渉の相手が年配者である場合には、ことわざに込められた含蓄ある言葉に、耳を傾けてくれる可能性は大いに期待できるのではないでしょうか。

さらに決断を迫るようなら、

「〝損して得取れ〟の精神でいくしかないですかね」

と皮肉を言ってみたり、

「あとは〝沈黙は金〟ということにしておきましょうかね」

と、そこから先は黙ってしまうのです。

それでもなんとかしてと迫るようなら、

「〝窮鼠猫《きゅうそ》をかむ〟のことわざがあるように、こちらにも考えがないわけではありませんよ」

くらいの脅しをかけるのも、最後の手かもしれません。

このことわざの意味は「弱いものでも侮ってはいけない」「逃げ場のないところに人を追い詰めてはいけない」というふたつの意味があります。どちらの意味で考えてもらってもいいでしょう。

窮地に陥ってしまったら時間を稼ぎ、論点をそらし、ともかく次回へとつなぎ起死回生を図ることを狙っていくことも大切です。

## とりあえずプラス思考で危機的状況から早く脱出する

起死回生を図るためには、打ちのめされた危機的状態からいち早く立ち直る必要があります。

とかく人は、そのようなときにはマイナス思考にとらわれて、暗く落ち込んでしまうものです。悪い状態から早く抜けだすためには、ともかくプラス思考で物事を考え、使う言葉もネガティブなものは使わないようにするのです。

「あいつが悪い」「会社が悪い」と言っても、事態は何も変わりません。

プラス思考で「この次はうまくいく」「絶対にうまくやるぞ」と考えたほうが、結局はうまくいくことが先人たちによって証明されているのです。

**Point**

1・ピンチはピンチとして受け止めて思考を変えてその場を切り抜ける

2・ことわざ効果で論点をそらし次の機会にもち越す

起死回生を図るためにはプラス思考で！

COLUMN 4

# 悪徳訪問販売にだまされる人の共通の心理

自分はだまされないと思い込んでいる人ほど、だまされてしまうというデータがあります。

たとえば運悪くだまされてしまったとしましょう。すると学習能力がついたなどと勝手に思い込んでしまい、次にまた詐欺師が近づいてきたらギャフンと言わせてやろうと待ちかまえてしまうからです。

しかし、人をだまそうと近づいてくる悪徳訪問販売の詐欺師たちはその道のプロです。一般の人たちが思いもよらない方法で迫ってくるのです。

「あなただけに教える投資話」などについうっかり欲望のままに乗ってしまうと、結果的に大損をするケースも後を絶ちません。〝上手い話には裏がある！〟と肝に銘じていても引っかかってしまうのはどうしてでしょうか。

それは、自分だけは大丈夫という過信があるからです。

また、ハッキリと相手に「ＮＯ」を言うことが苦手な人が多い傾向にあるのも、被害に遭う人が少なくならない原因かもしれません。

# 第5章

# 日常生活で使えるトリック心理術

## 34 初対面は見た目よりも声や話し方が重要

### ▼初対面で好印象を与える裏技テクニック

**人は見た目に大きく左右されるがそれ以外にも反応する**

人は見た目に大きく左右されることを否定することはできません。

「外見なんてどうでもよい、人は内面を磨いて中身で勝負だ」

といったところで、見た目から受けるその人の印象は最初に間違いなく決まってしまうはずです。

人は相手を判断するときにまず見た目から入るのは、視覚から脳に入る情報が全体の8割を占めるということとも無関係ではないはずです。こうした見た目の印象を巧みに利用して人をだますのが詐欺師の常套手段であることも、よく知られていることです。

特に初対面の第一印象といえば、なんといっても〝パッと見〟が大切なのは、誰もが知るところです。

ですから初対面の相手と会うとなると、自分は相手にどのように見られるのだろうか、気に入ってもらえるだろうかなどと、前日からソワソワしたり、緊張状態になってしまい、必要以上の不安に駆られたりするのです。

しかし、よっぽどでないかぎり見た目で〝？マーク〟をつけられるような人はいません。つまり、意外と知られていない、もうひとつの判断要素があるのです。

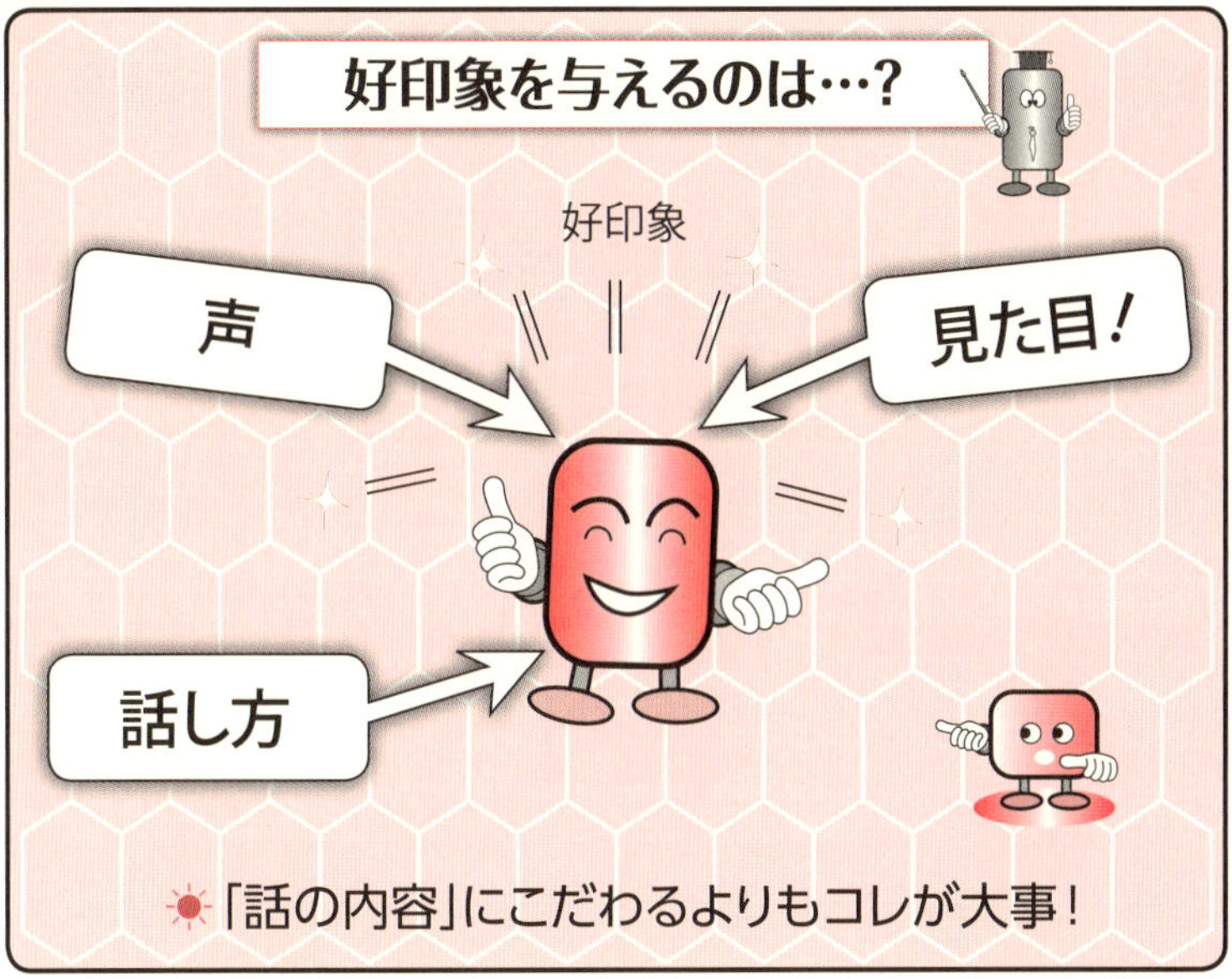
好印象を与えるのは…？
好印象
声
見た目！
話し方
「話の内容」にこだわるよりもコレが大事！

## 相手に好印象を与える「声」と「話し方」

心理学者によるある研究報告があります。「初対面の人と話をする際、人が相手のどのようなところに注目して判断をしているか」という調査です。

そのレポートによると、やはり半数以上の人が「顔」と答えているのですが、次にくるのが意外にも「声」あるいは「話し方」なのです。

初対面の人の場合「どのような話をしたか」という内容よりも**「どのような声でどのような話し方をしたのか」**が、印象として強く残るものだというのです。

要するに、初対面の人と話をする際には、どのような内容の話をしたらよいのかと思い悩むより、好印象を与える声とどのような話し方をするかということのほうが、むしろ重要だというのです。

では好印象を与える声と話し方とはどのようなものなのでしょうか？

一般的に好印象を与える話し方といわれているのが、あまり**高くはない大きい声で、はっきりとした発音で話す**話し方とされています。

話すスピードは、ゆっくりとしているほうが説得力が増すようで、1分間に400字程度の文字を読み上げるような感じでしょうか。

相手とは適度に視線を合わせて話すのはもちろんですが、案外忘れられているのが話すときの姿勢です。対峙する相手とは、リラックスして向き合うのが基本です。

テーブルをはさんで椅子に座って話す場合は、多少前かがみの姿勢をとり、手を組んだり肩をいからせることのないようにしてテーブルの上に自然に手をおくのがいいでしょう。

対人不安の強い人が初対面の人と話をする際には、相手が自分の言動や容姿を値踏みしているのではないか、あるいは欠点を探しているのではないかなどと、必要以上に感じてしまうことがあります。

このような対人不安を解消するためには、相手がどのような人物なのかについて事前に少しでも知る必要があります。いわゆる情報収集です。

今はフェイスブックなどを活用することで、案外と容易に個人的な情報は集めやすい状況にあります。情報を収集することによって、相手の好みや得意とすることなどがわかります。話す内容なども前もって準備することも十分可能になります。

事前に相手の趣向などを知る準備をしておくことで、精神的にも相手に対する引け目がなくなり、自然と会話は弾むはずです。

試験の前にしっかりと予習をしておけば、自信をもって試験に臨むことができるということと同じことではないでしょうか。

## 初対面で好印象を与えられると人生が大きく変わる

人生において、初対面の機会は案外多いものです。打ち合わせ、接客、営業、セミナー、講演会など、考えてみると初対面の繰り返しです。

初対面では、直感的な印象から相手を判断することになるので、簡単に言うと、好きか嫌いか、ということになります。つまり**初対面の相手にあなたは好きか嫌いかを、判断されている**のです。

幸いに好き、と判断されたなら、初対面の印象はそのままほとんど変わることはありませんから、その後の交友関係や人脈、そしてビジネス上でも、活躍の場が広がります。

初対面で印象に残る人と残らない人では、人生の上で大きな差ができてしまいます。繰り返される初対面では、好印象を与えることができると、人生が大きく変わるのです。

**Point**

1・人は見た目に左右されるのは否定できないが、それだけではない

2・初対面で印象に残るのは話の内容よりも「声」と「話し方」にある

初対面では相手の趣向を事前に調べておく！

## 35 ビジネスで使える同調行動と活用法

### ▼不安感が生みだす同調行動と人間心理

#### 他の人と違うときに起きる心理現象

子どもが欲しいものを親にねだる、

「みんなもっているんだから買って～」

は、いつの時代でも子どもの常套句ではありますが、この言葉は心理学的な見地からすると、

「人に遅れをとりたくない」

という潜在的な意識が働いていることによるものなのです。

人は元来、自分の周囲にいる人と同じように振る舞いたいという欲求をもっています。そのため身近な人間が何か新しいものを手に入れると、自分もそれが欲しいという意識が強くわき上がるのもその理由からです。

周囲の人の半数近くが同じものをもちはじめると、

「自分も早くみんなと同じものを手に入れないと、遅れをとってしまうのではないか」

と、あせりを感じるようになります。

このように集団を意識し、自分のことを考えたり、他の人と合わせたりすることを**「同調行動」**と呼びます。

子どもは小さい集団で生活しているため、この同調行動が行きすぎると、いじめや仲間はずれといったことも起こることがあります。

「家は家、ヨソはヨソ」

「そんなことをいう子は○×ちゃんちの子にな

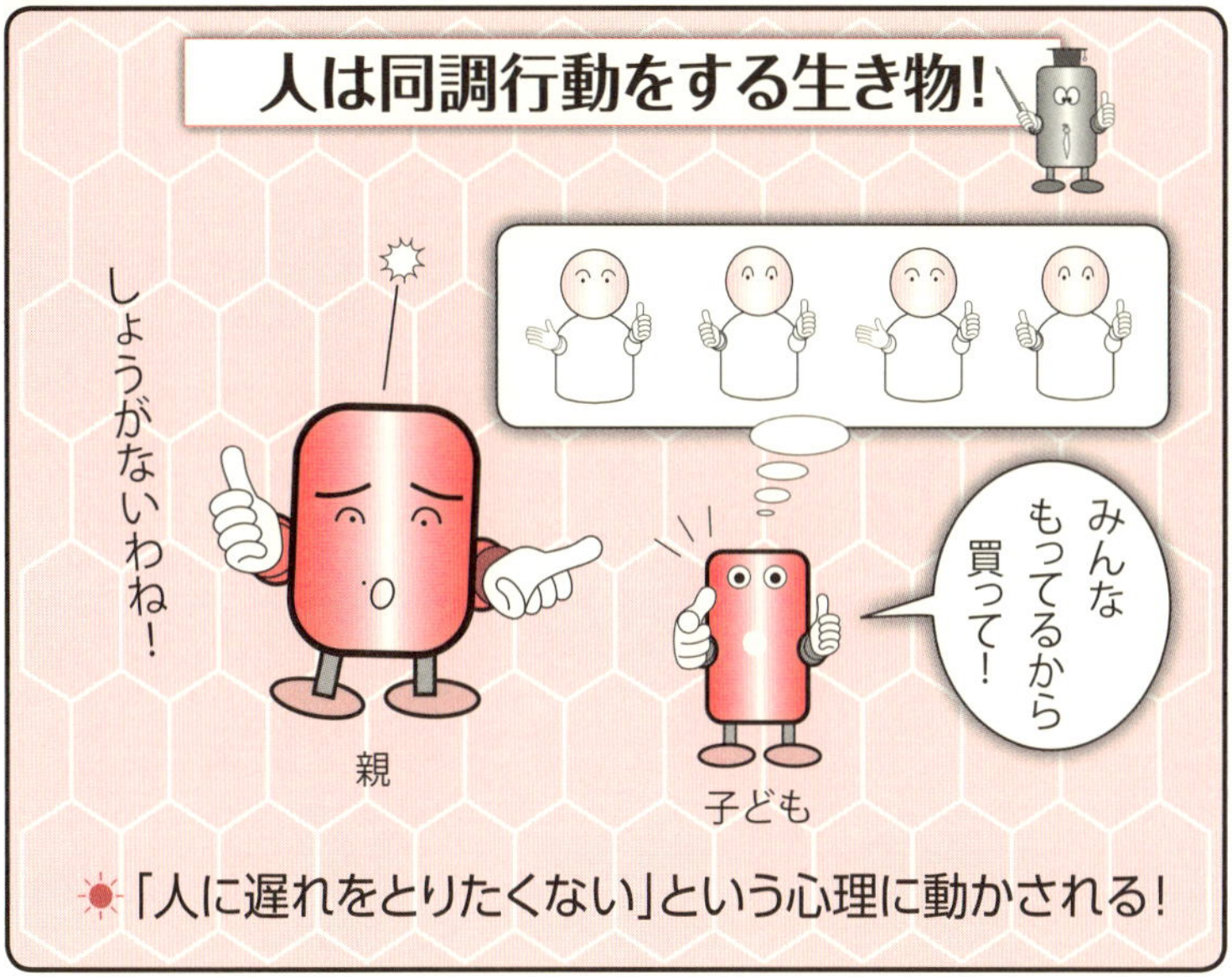
人は同調行動をする生き物！
しょうがないわね！
みんなもってるから買って！
親
子ども
「人に遅れをとりたくない」という心理に動かされる！

りなさい」

などと親の価値観を子どもに押しつける時代ではないのです。

子どもが「みんなと同じでいたい」という心理をもっていることを十分理解してあげることが必要なのではないでしょうか。

以前は親の方針や考えでゲーム機を買ってもらえない子が結構いたものです。しかし今は、ゲーム機を買ってもらえない子がほとんどいないというのが現実です。

〝自分の子どもだけが取り残されてしまうようなことがあってはいけない〟という親自身が同調行動をとっていることによるものなのかもしれません。

周りの人たちとつい同じような行動をする人は結構多いものです。

人に遅れをとりたくないという同調行動は、大人の世界、ビジネスシーンで戦略的に用いられることがよくあります。

## ビジネスシーンで活用される同調行動

営業マンやセールスマンにとって同調行動の応用は、当たり前の戦略のひとつです。

同じような業種、いわゆるライバル会社であるA社、B社、C社を担当している営業マンがA社に売り込みをかけたいとき、

「B社では、来月この機械を購入していただけることになっております」

「C社では、すでに先日ご購入契約がすんでおります」

などといえば、対抗心をもっているA社は、

「では、うちにも早急に頼むよ」

と、契約が取れるわけです。

ともかくライバル会社には遅れをとりたくないものです。

ライバルのB社、C社が必要ならば我が社も……という心理が、同調行動にあたるものです。

まだまだ横並び意識の強い日本の社会では、ライバル会社を引き合いに出し、対抗心をあおる同調行動の効果は、ひときわ大きなものが期待できるはずです。

使う相手と使い方を誤らなければ、交渉の際のテクニックのひとつであることは間違いありません。

同調行動が強い人というのも研究されています。たとえば、

- **比較的自尊心の乏しい人**
- **気の弱い人**
- **自信のなさそうな人**
- **主体性が低い人**

などが該当するといわれています。

相手がこのようなタイプに該当する人物であると判断したなら、ためらうことなくこの弱点をどんどんプッシュして説得にあたってみたらどうでしょう。

人に遅れをとりたくない、あるいは遅れをと

ることに危機感を感じるタイプの人は、同調行動をとりやすいからです。

## 同調行動はTPOを考える

しかしあまりに露骨に立ち回るのは、相手に警戒感を抱かせることになったり、あなたの信用にかかわることになるので、かえって逆効果ということにもなります。

あくまで信頼関係を損なうことなく、その場の状況に合ったアイテムだということを覚えておくことも必要です。

当たり前の戦略だからと、高をくくって乱発していると手のうちがばれてしまったなんてことにもなりかねません。

効果が期待できる戦略だからこそ、その使い方をわきまえて、確実にものにできるような場面に限って、結果につながるように活用したいものです。

**Point**

1・人には遅れをとりたくない、同じ行動をしたいという心理がある

2・対抗心をあおる同調行動は場の状況に合わせて臨機応変に

人は他人と違うことに不安を抱く！

36

# 多様化する架空請求詐欺の手口

## ▼覚えのない請求書に動揺する深層心理

### 面倒なことを自然と拒絶する心理に付け込む犯罪

詐欺の手口のひとつに、身に覚えのない請求書を送りつけ、振り込みをさせるというものがあります。

「あなた様のお住まいになっているマンションの管理者から委託を受けたものです。来月より家賃振り込みの口座が変更され、下記の口座にお振り込みお願いいたします」

といったようなものから、

「お客様のアダルトサイトご利用料金が未納になっているものがございます。至急下記の口座へのお振り込みをお願いいたします」

などといった手紙を送りつけるものです。これを「架空請求詐欺」といいます。

家賃は支払うもの、どこに家賃を振り込もうが、あまり気にしないという人が被害に遭うのです。

手の込んだ請求書になると、弁護士名まで書かれて（この弁護士名も架空のもの）いたりするので、受け取ったほうは疑いをもたなくなるのです。冷静に考えれば、家賃の振込先が変わる場合は突然「振込先が変わります」と言ってくる前に、なんらかの事情説明がなされるはずです。

たとえば、

「大家××は、平成○年△月より、取引銀行を

**面倒な事態を想起すると動揺してしまう!**

アダルトサイトの請求書かぁ…有料のを見ちゃったのかなぁ…
恥《は》ずッ！

「ヤバイ！」とあせる心理が冷静さを失わせる！

変更いたしました」

あるいは、

「お世話になりました父に替わりまして、来月より長男××が大家として、今後は引き継ぎをさせていただくことになりました」

などといった挨拶があったのちに口座変更のお知らせがあるのが普通です。

しかし突然送られてきた請求書に疑いをもつことなく振り込みをしてしまう人がいるために、犯罪が成立してしまうのです。

身に覚えのない請求書が届いたら、動揺せずに冷静になって考え、思い当たらなければ無視するか誰かに相談してみることが大切なことです。

## 人の弱みに付け込む「アダルトサイト」架空請求詐欺

ある日突然、あなたの元に、

「アダルトサイトのご利用料金2万9000円

が未払いになっております。急ぎお支払いください。お支払いのない場合には裁判を起こし、あなたの会社、あるいはご自宅のほうに取り立てに伺うことになります」

このような請求がきたとしたらどうでしょう。

「あれ、アダルトサイトは検索したけれど、無料のはずなのに有料だったのかなあ～」

と、思い当たることのある人は一瞬自分を疑うことでしょう。

それでも思い直して、

「何かの間違いだろう」

と、無視してしまえば問題にはならないのですが、

「もしかしたら有料のサイトに入ってしまったのかなあ～、まあ大した金額でもないのに取り立てなんかがきたら面倒だ。支払ってしまおう」

と、だまされる人がいれば、相手の狙い通りなのです。

そのため金額はそう大きな額ではなく、

「面倒くさいことになるよりいいや」

と思わせる額に設定されていることが多いものです。

アダルトサイトの利用料金未払いが本当かうそかは別として、料金を支払わないことを理由に取り立てにこられたら、会社であれば同僚や女性社員の間によからぬ噂が立つこともあるだろうし、仕事にも差しさわりが起こるに違いないと動揺してしまいます。

この動揺する人間心理に付け込んで請求書を送りつけるのが、架空請求詐欺の手口なのです。事の真偽を確かめようと請求相手に電話しようものなら、これこそ相手の思うツボにはまったも同然で、恐喝まがいに金額を請求されることになります。

もしも身に覚えのない請求書があなたに届いたなら、無視してしまうか、誰かに相談するようにしましょう。

恥ずかしいとか、みっともないなどと一人で

悩んでいるのは、なんのプラスにもなりません。

万が一、相手の言うままになってしまったとしても、気がついた時点ですぐ消費生活センターなどに電話相談するなどの対応をすれば、たいていの場合は収まります。

## 無視してはいけない架空請求がある

架空請求詐欺が横行するなかで、警察や消費生活センターなどは、ともかく身に覚えのない請求は無視するよう指導してきました。

ところが最近、裁判所から「呼出状」が突然届くケースがあり、この「呼出状」を無視すると支払い義務が確定してしまうので、注意を喚起しています。

法律を逆手に取った悪質な手口なので、これを受け取ったら放置せずに、弁護士や消費生活センターなどに連絡するように呼びかけを行っています。覚えておきましょう。

**Point**

1・身に覚えのない請求書は無視するか誰かに相談する

2・裁判所からの「呼出状」が届いたら弁護士や消費生活センターに相談する

架空請求詐欺は人間心理の悪用手口！

# 37 具体的な数字を設定して仕事の能率アップ

## ▼あいまいな言葉より具体的な数字に反応する心理

### 時間を設定するだけで能率アップにつながる

あなたが上司から仕事を頼まれたとしましょう。

その際に、

「今日の夕方までに頼むよ」

と言われたのと、

「4時までに頼むよ」

と言われたのとでは、相手に伝わる印象はどのような違いがあるのでしょうか?

「今日の夕方まで」でいいのなら、「退社するまでにやればいいのだな」とか「今日中にやっておけばいいってことだよな」と、夕方のリミットを自分勝手に解釈して、都合のよいように引き延ばそうとするのではないでしょうか。


結果的に他の仕事の成り行きに任せて、帰り際にやっつけ仕事で仕上げてしまおうとするかもしれません。

ところが「4時までに」と時間を決められた場合は、他の仕事の予定もしっかり考慮して時間を配分し、約束の時間までに質のよいものを仕上げようとやりくりし、その頼まれた仕事に向かって努力をするはずです。

営業マンが売上目標を設定する場合でも、漠然と「先月よりは上を売り上げる」というのと、「先月よりも100万円多く売り上げる」というのとでは雲泥の差があります。

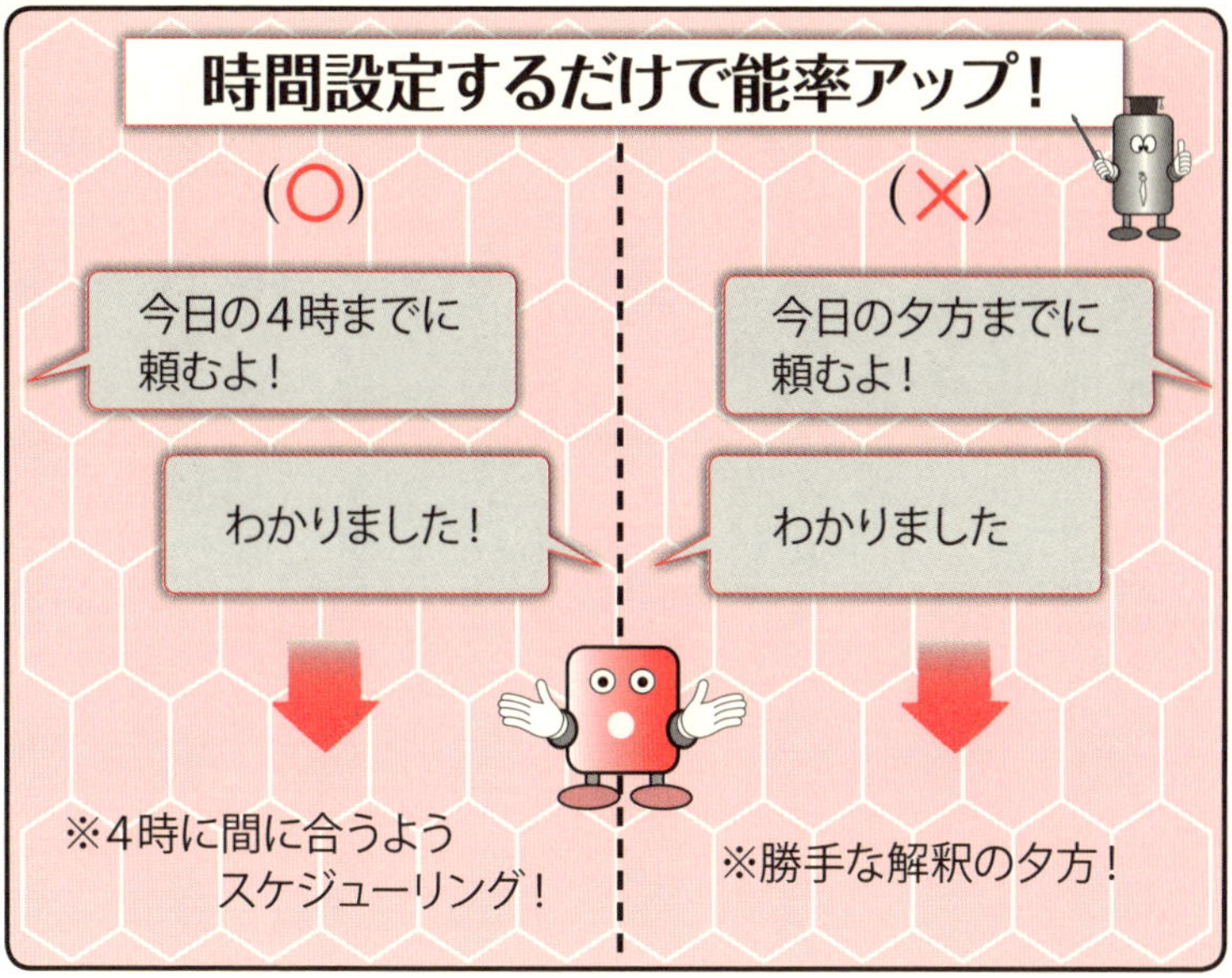
時間設定するだけで能率アップ！
（○）
今日の4時までに頼むよ！
わかりました！
※4時に間に合うようスケジューリング！
（×）
今日の夕方までに頼むよ！
わかりました
※勝手な解釈の夕方！

「先月よりは上」の場合は「1万でも多ければ先月より多いわけだからもういいな」と、早々に妥協してしまうことになります。

ところが具体的に「100万円以上多く売り上げる」と目標を設定した場合は、「先月より100万円を多く売り上げるためには、どこを工夫すればよいのだろう」と、より前向きな緊張感のある仕事をしようと取り組むのではないでしょうか。

**具体的な数字を挙げて時間や目標設定をすることで、人は心理的に緊張感をもった仕事をする**ことになるので、結果として能率が上がったり、思いがけない能力を発揮したりすることになります。

一方、心理的にルーズな状態で取り組む仕事には、能率や能力は期待できないはずです。

人は心理的緊張感がなければ自分を甘やかし、妥協と言い訳でその場をやりすごそうとするものです。具体的な数字で目標を設定したり時間を決めるという、こんな単純なことで人間は知らずに仕事の能率がアップするものなのです。

## 緊張感のある生活は自身のモチベーションを上げる

仕事の場合、心理的な緊張感が能率や能力をアップすることはわかっています。ではプライベートの場面ではどうでしょう。

たとえば、あなたが休日の午後、友人とお芝居を見に行く約束をしていたとします。

「劇場の前の喫茶店で、13時前後ね」

と約束した場合、13時前後といってもおそらく5分や10分遅れて行くに違いないでしょう。

このケース、心理的緊張感にまったく欠けていることになります。

13時に劇場の近くを歩いていても、意図的に急ぐこともせず、ゆっくりと歩いて目的の場所へ向かうことでしょう。当然ですが、それは5分や10分、すぐに遅れてしまう結果になるのです。

「友人とのプライベートな待ち合わせ」

「休みの日だからいいじゃない」

という考え方もあるでしょう。

しかし〝時は金なり〟という言葉があるように、いつ、どのような場合でも時間は大切であることは間違いありません。

たとえ、それが休みであっても心理的緊張感を高め、無駄のない生活を心がけようと思ったら、できるだけ細かいスケジュール表を作成し、それに沿った行動をとるということが大切なのです。

## 細かいスケジュールで自己管理

知人の一人に心理的緊張感を意識的に高めるため、仕事はもちろんプライベートの場合でも細かいスケジュールを専用の手帳に書き込むようにし、できるだけそれに沿って行動している人がいます。

その理由は、

「緊張感を最大限に高めることができるので、自分の能力を最高の状態で常に発揮することが可能だから」

ということでした。

いつ、どのような場合でも緊張感をもち続けることは、結果的に自己管理をすることにつながり、心理的なモチベーションが上がることになります。

欧米のビジネスマンの間では、心理的モチベーションをアップするための自己管理が徹底しています。

健康、お金、時間などの自己管理をいかにうまく行うかが、昇進あるいは役職を決める際の重大なポイントになっているのです。

自己管理をまともにできない人間には、そのほかのことなど、できるわけがないという考え方なのです。

**Point**

1・時間設定をするかしないかによって能率に大きな差が生じる

2・心理的緊張感を高めてモチベーションをアップする

心理的緊張感を高めて効率を上げる！

# 38 行列についつい並んでしまう人間の深層心理

## ▼自分で自分を勝手に納得させてしまう心理の真相

### 行列ができているのはおいしいからという思い込み

なぜ、人は行列に並ぶのでしょう?

一説によると〝人はすばらしい獲物にありつくため、常に多くの人が群がる場所に気を配る〟という習性のようなものをもっているといわれています。つまり行列の先にはきっと、すばらしい獲物があるに違いない、良い獲物を逃してはならないという心理が働き、行列に加わるというわけです。

人にはまた、みんなが並んで買うものなら良いものに違いない、と思い込む深層心理もあります。その商品の知識はなくても街で行列ができているのを見かけると、それだけでその商品は人気のある良い商品なのだと勝手に思い込み、特にそれに興味があるわけでもないのに、その商品を購入してしまうことがあります。

世の中にはさまざまなブームがあり、ブームとなるものは、当然それなりに魅力のあるものなのでしょうが、行列から生まれたブームなどというものも過去にはありました。

さらに行列の先には楽しいものやおいしいもの、得することが待っている、という刷り込み効果も頭の中に出来上がっています。たとえばラーメン店へ行き、長い時間待った末にようやく口にすることができたとき、人は条件反射の

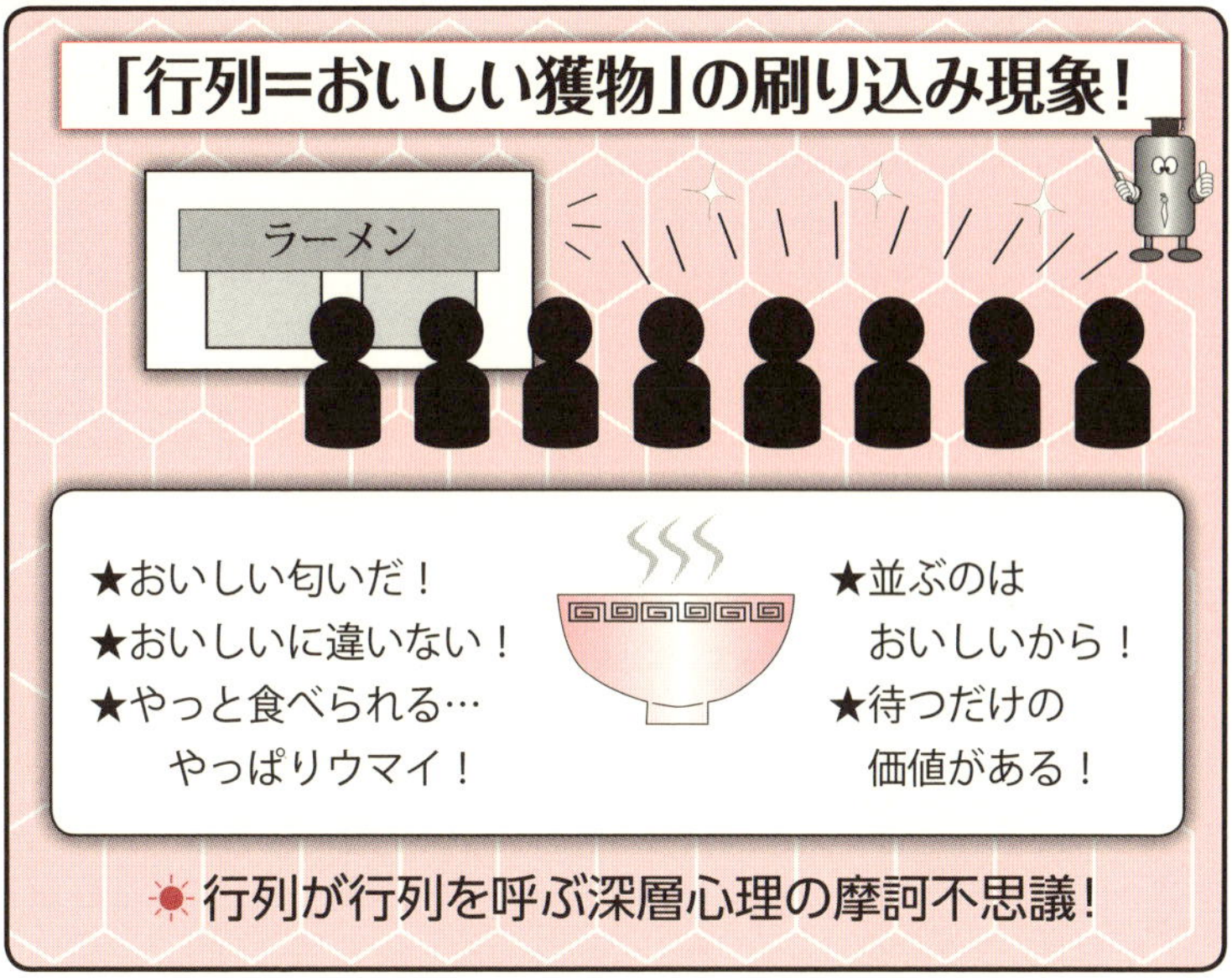
「行列＝おいしい獲物」の刷り込み現象！
ラーメン
★おいしい匂いだ！
★おいしいに違いない！
★やっと食べられる…
やっぱりウマイ！
★並ぶのは
おいしいから！
★待つだけの
価値がある！
行列が行列を呼ぶ深層心理の摩訶不思議！

ごとく「おいしい」「うまい」を連発してしまうのです。

行列をして自分の番を待っている間は、店から漂ってくるだしやスープのにおいに嗅覚は刺激され、胃袋は今か今かと空腹が満たされるのを待ち望んでいるのですから、おいしくないわけがありません。

こうして行列と味が相乗効果となって話題性が創り上げられていくことで、店は繁盛店となっていくのです。

## 成功の秘訣は深層心理をとらえた発想の転換

人間の深層心理をとらえ、成功している店はたくさんあります。食料品・衣料品・日用雑貨品・酒類までを扱って若者に人気のディスカウントショップ、ドン・キホーテは、陳列方法に特徴があります。

商品の陳列といえば、一般的な店ではできるだけお客様が「見やすく」「どこに何があるかわかりやすく」「取りやすく」を心がけているものです。

ところがドン・キホーテでは、商品の陳列を「見にくく」「どこに何があるのかわかりにくく」「取りにくさを掲げて陳列」し、それが店の特徴となり、お客様に好評を博しているのです。

圧縮陳列と呼ばれるドン・キホーテ独特の陳列方法は、お客様が買い物をする楽しさと面白さを充分に満喫してほしいという思いから生まれたもので、狭い店のどこに何があるか、お客様自身で宝探しの感覚で楽しんでもらおうというコンセプトを打ちだしているのです。

普通の店とは違うドン・キホーテ独自の陳列方法は、『人のやらないことをやって人の興味を引きつける』といった従来の考え方とはまったく異なった発想の転換から生まれたものです。

ここにも実は繁盛店になる秘訣が隠されていたのです。人と同じことをしていては成功を勝ち取ることはできません。しかし、発想を変え、人の深層心理に訴えかけることに成功できれば、それはイコール繁盛店になるのです。

かつて「うまい・安い・早い」をキャッチフレーズにして大成功したのが牛丼の吉野家でした。「うまい・安い」はそのままの意味ですが、「早い」は「待たせません」という意味です。

行列のできる店とは正反対の販売方法ですが、ファストフードの代表ともいえる牛丼とラーメンがまったく違った方法で客にアピールし、それぞれが成功しているということは、どちらも人間の深層心理を巧みにとらえているということになります。

## 深層心理が人の行動に与えるさまざまな影響

深層心理とは、人間が自覚できている以外の深層部分心理のことをいいますが、なんと自覚できている部分はわずか10％ほどでしかないといわれているのです。残る90％の未知の部分で、人は知らずに行動をしていることになるわけです。

　人の行動は、自分で自覚していない深層心理によって、大きく影響を受けています。

　何かの失敗をしてしまったときに「あのときなぜあんなことをしてしまったのだろう」ということはありませんか？

　そんなときは、無意識のなかにある深層心理による影響なので、説明ができないのです。そのうえ深層心理はみな同じというものではないので、理解や説明が難しいのです。

　深層心理には夢が大きくかかわっているともいわれています。訳がわからないと思ってみた夢にじつは深い意味があったり、夢があなたになんらかの信号を送っていたりしているのかもしれません。

**Point**

1・人が並んでいるところにはよいことがあると思い込む心理が行列を作る

2・発想の転換を図り深層心理に訴えると成功を勝ち取ることができる

人は自覚なしに行動している部分が多い！

# 39 仕事のデキる人間の上手な断り方

▼頭のいい人が使っている「断る技術」

## 断り方で人間関係がこじれてしまうこともある

平日家にいると、いろいろな電話がかかってきます。電話の相手はこちらの生活などとはまったく関係なく、一方的に販売促進をしてきます。

こうしたセールスには躊躇《ちゅうちょ》なく「結構です」と断ればよいのですが、ビジネスの場で少なからず面識があったり、以前何かの集まりなどで名刺交換などをしていた相手の依頼を受けた場合には、そうむげに断ることもできません。

とりあえず話を聞いたあとで、

「あいにくその件は私の管轄外でね、申し訳ないですね」

あるいは、

「その件はもう終了したみたいでね」

と依頼された件と自分とは関係がないことを伝えて遠まわしに断ることになるものです。いかに相手を傷つけることなく上手に断るか、ビジネスマンとしては重要なポイントです。

そのときの心理状態は、いったいどのような感じなのでしょうか。

たとえば、あなたが取引先の担当者から企画の売り込みを受けたとします。さっと目を通してみたところ、今現在あなたの会社では取り扱うことはない企画だと判断しました。

さて、あなたはどのように対応しますか。

## 断り方が下手だと泥沼に!

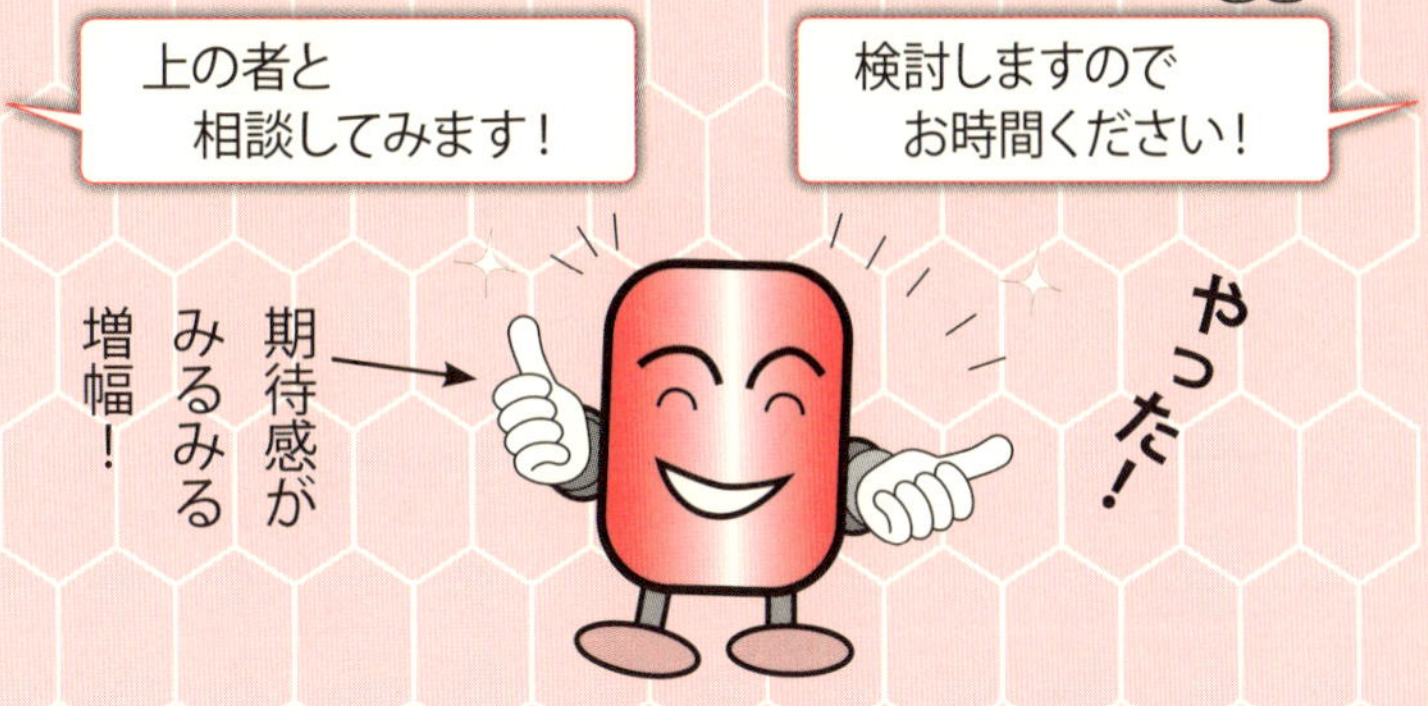
上の者と
相談してみます!
検討しますので
お時間ください!
期待感が
みるみる
増幅!
やった!

これではかえって相手に残酷な仕打ちになります!

「検討いたしますのでお時間をください」

「私の一存では判断いたしかねますので、上の者と相談してみます」

「当社では取り扱うことはない内容のようですが」

など、返答の仕方はどのようにでもできます。けれども「検討する」「上の者と相談して」という社交辞令の対応は、ここで答えを出さずに問題を先送りしているだけではないでしょうか。

これでは、相手は返事があるまで期待して待っていることになります。

しばらくしてあなたから「現在は取り扱わない企画」であることを告げられた相手は、「そんな返事だったら気をもたせないで、その場で言ってもらいたかったよ」と、腹立たしい思いをするかもしれません。

悪くすると「もう二度とあそこには企画を持ち込むことはしないぞ」と関係がこじれてしまうことさえあります。

断ることは仕方がないとしても、それによって人間関係がこじれてしまうようなことは避けたいものです。

## 相手を傷つけない上手な断り方

あなたがさっと目を通したときに、

「これは今、うちの社には必要ないな」

と思ったら、その場で断るべきなのです。

断ることに後ろめたさを感じたりして返答を先送りすれば、相手に期待をもたせた分だけ落胆の度合いも大きくなってしまいます。また先送りした挙げ句、断ったあなたに対する評価もよいことはありません。

「もったいぶって」とか「気をもたせただけじゃないか」と思わせてしまい、結果的にそれが人間関係にまで影響が及んでしまうことにもなりかねません。

断らなければならないと判断したなら「内容は悪くはありませんけれど」とか、「私個人としては興味があるのですが」「面白いとは思うのですが」といった言葉を添えて断ると、相手を傷つけることにはならないでしょう。

下手な社交辞令は、かえって相手を傷つけることになります。

さらにひと言加えるとするならば、

「これに懲りずに、また面白いものをお願いしますよ」

あるいは、

「またの機会にはよろしくお願いします」

という言い方がいいでしょう。

相手が結果を上司に報告するにしても、

「企画そのものは面白いと言っていただいたのですが、今回は見送りだそうです」

と人間関係が悪くなることもなく、誰も傷つく人もなく、この件は収まるのではないでしょうか。

ダメなものはダメなのですから、その場で上手に断ることが最善の方法なのです。先送りや下手な社交辞令は、相手を怒らせたり不快にさせるだけでしかありません。

相手を傷つけずに感じよく断るには、どうしたらよいのでしょうか。

ひとつの方法として、断ることは断るのですが、頭に枕言葉を使ってみると、それだけで印象が変わります。

「せっかくですが……」

「残念ですが……」

「あいにくですが……」

この言葉を最初に使うだけで、

「本当はとても行きたいのだけれど……」

「わざわざ誘ってくれたのに……」

という気持ちを込めることになるので、断られた相手も悪い気はしないでしょう。

「そう、ではまたの機会ということで」と、受け止めてくれるものです。

**Point**

1・人間関係が壊れてしまうような断り方はしてはいけない

2・断るにしても相手を傷つけずに上手に断ることが大切

ダメなものは「ダメ」とその場で上手に断る!

# 40 人は隠しごとがあるとおしゃべりになる

## ▼うそをつくと出てしまう人間の特徴的なパターン

### 相手に知られることを怖れて懸命に話す

女性は勘が鋭いことはよく知られていることです。

近年女性の勘が鋭い理由が徐々に解明されつつありますが、どうやらその秘密は右脳と左脳の脳梁《のうりょう》にあったようです。そして、その精度の高さを勘が鋭いというようです。

一方の男性が、自分から邪心のあることを態度で表しているにもかかわらず、それに気づいていないのはやはり脳梁のせいというべきでしょうか。

男性はよく仕事と偽って飲みに行きます。そんなとき、帰りに奥さんにお土産を買って帰ったりするのは、うそを言ったといううしろめたさがあるからなのです。

「仕事が終わったらね、部長が付き合えってうるさいものだから」

「帰り際にね、明日までに資料作成しろって言われて大変だったんだよ。そのあと部長がいっぱいやろうって言いだしてさ、結局こんな時間になったんだ」

「僕はね、仕事が終わったらすぐに帰りたかったんだよ。でも○△がね、話があるとか言って飲みに付き合わされたんだよ」

などと聞かれてもいないのに、ペラペラとしゃ

女性は男性のウソを見破るのが上手!
それってウソでしょ!
エッ?
な、なんでわかるんだろ…
勘が鋭い女性＝観察眼が発達!

べったりしてはいないでしょうか。

人がうしろめたいと思うときの気持ちは、何かよくないことをして自分自身の良心がとがめるときです。

つまり何か悪いことをしてしまった自覚はあるのだけれど、そのことを相手には知られたくない。そんなときに人は**相手の追及を受けないように隠そうとして、まったく関係のない話をしたり弁解をしたりしてしまう**ものなのです。

そのうえ、普段したことのないお土産などを買って帰ったりしたら、勘のよい奥さんはあなたのことを疑うに違いありません。

「仕事とか言ってるけど、あやしいぞ」

「お土産まで買ってくるなんて、浮気でもしたのかしら」

と、黙っていればわからないことを、多弁になることや普段と違う行動であれこれ詮索されてしまうことになるのです。

## おしゃべり人間は警戒される

女の子のいる店に行った途端に押し黙ってしまう男性も困りものですが、特に聞かれているわけでもないのにペラペラとしゃべりまくる人というのも困ったものです。

「こう見えて、社内では結構上司に信頼されているんだよね」

「今、FXが調子よくてね、この間なんて一日で200万円も儲けを出したよ」

「今年は株でかなり儲けさせてもらったんだけど、どう少し預けてみない？　すぐに倍にしてあげるよ」

などと聞いてもいないことをペラペラとしゃべる人に限って、じつは自分に弱い部分があり、それを悟られることを怖れて先にいろいろとしゃべっているケースが多いものです。

仮に相手に弱みを指摘されたりしたら、このようなタイプの男性はひどく落ち込んでしまうか、あるいは相手を逆恨みしたりと、結構たちの悪い部類の人と思われています。

つまりあまりプライベートな情報は、相手に聞かれるまでしゃべらないほうが、結果的に女性からは好印象を受けるものです。

特に相手が初対面の場合には、

「この人、どんな人なのかしら……」

と、ミステリアスな部分があったほうが、好意や関心をもってもらえます。相手が聞いてきたことや興味をもったことに真摯に応える姿勢というのは、どんな場合でも人と付き合う際の基本です。

さて、あなたはどうでしょうか？　思い当たることはありませんか？

もしもうしろめたいことがあったとしても、そのときこそペラペラしゃべったり弁解したりせずに、普段しないことは絶対せず、平常心を忘れずに行動することです。隠そうとすればするほど態度に表れてしまうものですから。

## うそをついている人の特徴的な行動

聞かれていないことまで一生懸命に話すのは、うそを隠そうとする心理からであることは述べましたが、そのほかにも、うそをついている人には特徴的な行動というものがあります。

話の最中に落ち着きがなく、やたらと足を組みかえるのは心理的にうそをついている、その場を立ち去りたいという思いからです。

**誰かをほめると、人の注意がそちらに向かう**ので、うそをごまかすために誰かをほめて話をそらそうとします。

自分に自信がない人ほど、自分をよく見せよう大きく見せようとして、うそをつくものです。

劣等感にさいなまれているタイプの人は、現実を受け入れられなくて、うそをついてしまう傾向にあるようです。

**Point**

1・うしろめたいことがあると人に知られることを恐れ、多弁になる
2・おしゃべり人間は自分に自信がないので隠そうとしてペラペラしゃべる

一生懸命にしゃべるとうそはバレる！

41

# いい人より意外性のある人がモテる理由

## ▼第一印象は重要だが第一印象にとらわれるな！

### 第一印象は思っているほど大切ではないという事実

どのような状況であっても、初対面の人と話をすることは誰でも緊張するものです。ましてや相手に好意をもってもらいたいと思う男女間では、プレッシャーに押しつぶされそうになったり、思いもしない体調変化が起こることさえあります。なぜなら、第一印象で失敗することは避けたいと強く思うからです。

昨今、幅広い年齢層で「婚活」がブームとなっています。婚活とは結婚したい男女が繰り広げるさまざまな活動のことで、婚活市場は年間数百億円にものぼる勢いです。

この婚活経験者に聞くと、

「のちのちうまくいくためには、第一印象にあまりとらわれないことが大切」

だといいます。

第一印象は重要だけど、第一印象にとらわれない？　なんだか矛盾しているようですが、そうではありません。

簡単にいうと、第一印象は大切ですが完璧である必要はないということです。**第一印象にだけこだわっていては「相手を見つけられない」**のです。

第一印象が完璧ではなくても、

「見た目はこわもてだけど、気遣いがある」

「神経質そうに見えるけれど、話してみるとおっ

「いい人」より「意外性のある人」！
コワモテに見られますけど、趣味は料理と編み物です！
意外性！
カキーン！

とりとしていて面白い」

「無口だけれど、人の話は楽しそうに聞いてくれる」

など、意外性のある男性こそが、女性は「また会ってみたい」と思う相手なのだそうです。

第一印象は、言い換えれば「最低ラインをクリアするため」に重要なだけなのです。

最低ラインとは、清潔であることや女性に不快な思いをさせる態度や言動がなく、好意的であることです。

こうした点さえ押さえていれば、かえって第一印象で一目ぼれしてしまうケースより意外性に惹かれ、じわじわと好きになっていくのでむしろ長続きが期待できるというのです。

好意をもってほしい相手には好意をもって接することで、相手も好意を示してくれるものです。

しかしいくら第一印象が絶対的な要素ではないとはいえ、最悪な場合は、取り返しがつきません。大失敗だけは絶対に許されないと心得ましょう。

## 相手に一歩踏み込んでアピールする

あなたの意外性に関心をもつ女性が現れたなら、次はあなた自身をいかにアピールするかです。

収入は高いに越したことはありませんが、最近の女性は「愛情と収入とは比例しない」こともよく知っています。共働きでもよいと考える女性も増えてきました。

ある調査によると、高収入ではなくとも家事や子育てを一緒にやってくれる夫に対するほうが妻の満足度は高いという結果が出ています。

「独り暮らしが長かったから料理は得意なんです」

なんて言われたら、たいていの女性は大喜びするでしょう。

「家庭菜園をやるのが夢で、今いろいろと勉強しています」

というのも人気が高いそうです。男女の役割分担について、女性はこのままでいいと思っている人はかなり少なくなっています。

家事ができなくても「旅行が大好きなので二人で旅行をしたい」というように、二人で生活をエンジョイできるような男性を女性は求めているものなのです。

「趣味はゴルフにマージャンです」

「無趣味なので、休日は部屋でごろごろしています」

なんていうのは、表立っては決して言いませんが、心のなかでは「サイテ〜」などとつぶやいているかもしれません。

意外性とは「人とはちょっと違うな」と相手に思わせることです。

ちょっと違うところが、二人でこれから築く将来をいい意味で暗示する大きな夢へとつながっていく希望となるのです。

## 女性を楽しませる会話ができると好感をもたれる

自分をよく見せようと思って、難しい話をしたり偉そうな態度をとる男性は、まずもてません。女性の関心を惹くのは、楽しい気分にさせてくれる会話ができる人です。

「今人気の『○△×』という映画、面白いですよ」

「スカイツリーはもう行かれましたか?」

のような何気ない会話がきっかけになって話が弾むようであれば、好感をもたれるでしょう。

軽い話題でも相手に関心があれば、おたがいの趣味や趣向に発展します。意気投合すれば、そこであなたも熱弁をふるうのです。

男性が女性の関心を得るために熱く語る姿に好感をもたない人はいません。ここまでくれば女性はあなたを強く意識しているのは間違いないはずです。

**Point**

1・第一印象にこだわりすぎると相手の良いところを見逃してしまう

2・女性を思いやれるような楽しい会話ができると好感をもたれる

意外性のある人は女性にモテる!

COLUMN 5

# 男性に
# 相談をもちかけるときの
# 女性の心理とは

知り合いの女性が男性に悩みを打ち明けるとき、その女性の心理状態はどうなのでしょうか？

意中の彼女から相談などもちかけられたら、必要以上になんとかしてやりたいという心理が働くのは男の性《さが》です。

「○○ちゃんの彼氏がＤＶで困っているの、どうしたらいいかな？」

なんて相談されたらどうしたらいいでしょうか？

「そんな男なんてすぐに別れたほうがいいよ」

「もっとひどい仕打ちに発展するから早く別れたほうがいいよ」

などと解決策を提案する人が結構多いかと思います。

じつはこのように女性が相談をもちかけてくるケースにおいて、彼女は解決策など求めていないのです。

「こうしたほうが間違いない」などと結論づけて自分の意見を押し通すなどは絶対にＮＧです。かえって女性から嫌われる可能性もあります。

女性が最終的な解決策の判断を下せるよう、話を聞いたりアドバイスをするのがベストなのです。

# 第6章

# NOをYESに変える心理マジック

# 42 簡単な依頼から相手の警戒心を解きほぐす

## ▼人間の潜在意識を活用した段階的依頼法

### 簡単な依頼から段階的に説得する効果

「ねえ、悪いけど3000円貸してくれないかなぁ」

とまずは切りだし、相手が、

「いいよ」

と応じたらすかさず、

「できたら1万円借りられたら助かるのだけど……」

と借金を申し込んでくるような人、あなたの周りにいませんか?

じつは、ここには巧みな心理トリックが隠されています。相手が警戒心をもたない金額を提示し、まずは了解を得てしまうと、次にさらに高額な金額を提示しても断りにくくなる、という方法です。

頼まれたほうにしてみれば、内心では、

「3000円だからいいと言ったのに……でも、一度いいと言ったものを、1万円だからダメとも言えないし……」

と複雑な思いがわきたちますが、心のなかではすでに「もう貸せない」と思ってはいても言えなくなっているのです。

相手の人の良さに付け込んだやり方ともいえるのですが、じつは人間心理を熟知した巧みな手口ともいえる方法で、**「フット・イン・ザ・ドア・テクニック」（段階的説得法）**と呼ばれるもので

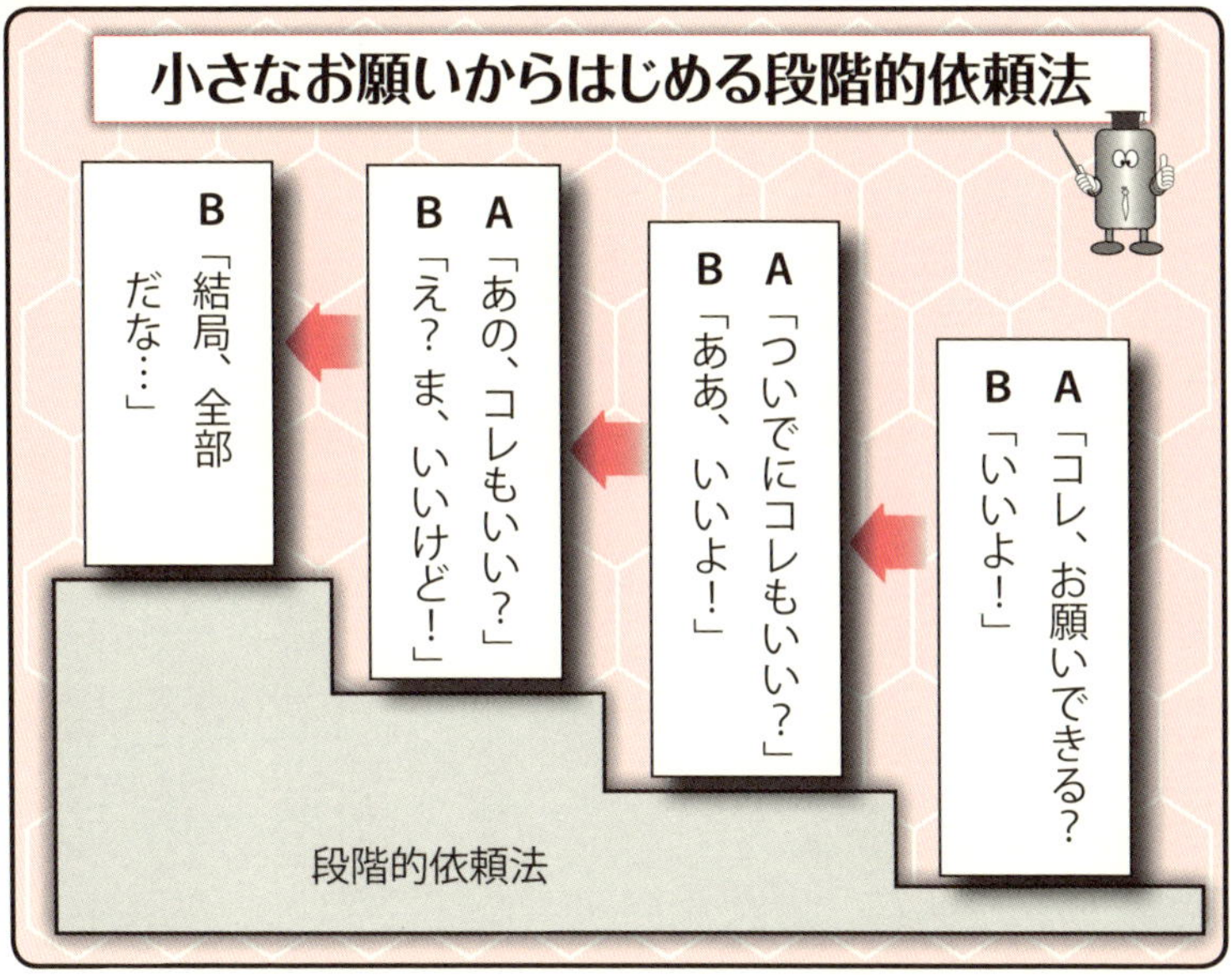
小さなお願いからはじめる段階的依頼法
A「コレ、お願いできる？」
B「いいよ！」
A「ついでにコレもいい？」
B「ああ、いいよ！」
A「あの、コレもいい？」
B「え？ ま、いいけど！」
B「結局、全部だな…」
段階的依頼法

す。

このテクニックは、はじめに受け入れやすい簡単な依頼を相手に投げかけ、まずは承諾を取り、相手の警戒心を解いておきます。

そして本題である無理な依頼を投げかけるという、段階を踏むやり方です。二段階のほうが、相手は説得に応じやすいものなのです。

このテクニックはベテランのセールスマンがよく使う手法です。

最初にお客に断られてもすぐに引き下がることなく、

「まずは、話を聞いていただくだけで結構ですから」

と再度挑戦します。

こう言われると、たいていの人は、

「話を聞くだけならいいかな」

という気になってしまうものですが、この段階でセールスマンの小さな要請から次に大きな要請に進めるという「フット・イン・ザ・ドア・

テクニック」はすでに始まっているのです。

最近のセールスの方法に、

「ともかく一度ご使用になってみてください。一週間だけ置いていきますから」

と言って、セールスマンが売りたい商品を無料で置いていく方法があります。試用期間のようなものです。

「もちろん、よくないと思ったら引き取りにきますので、いつでもお電話ください」

とは言いますが、この段階で、

「じゃあ、ためしに使ってみるわね」

と断らなかった人は、その後約75％以上の割合でこの商品を購入したというデータがあります。

つまり人間は一度受け入れると、二度目はかなりの確率で〝**物事を断らない心理が働く**〟という結果が報告されているのです。

トップセールスマンにとって、フット・イン・ザ・ドア・テクニックは、さまざまな分野で成功率を上げる手段になっているのです。

## 二度目を断ることのできない人間心理

人はいったん依頼を承諾してしまうと、次には断りにくくなる心理が働きます。そのため最初に小さな承諾を取りつけると、その後の大きな依頼にも応えてもらえるということになるのです。なぜなら、一回目の要請を受けたときには、人は要請を受けるのも断るのも自由ですが、二回目になると一回目の選択に拘束されてしまう心理が働くからです。

人は潜在的に一貫性があるということに価値を見いだし、一貫性のある行動をしたいと思っているからなのです。

一貫性のない人は、

「信用のできない人」

「言っていることとやっていることが違う人」

という一般的なイメージがあります。

人間は他人から〝一貫性のある人〟と見られたい傾向が強く、言い換えれば〝いい加減な人〟とは見られたくはないということなのです。

## 認知的不協和の理論による一貫性

人は自分自身が一貫性をもった人間でありたいと願望するものであり、矛盾することを認めたくないものです。

これを心理学では**「認知的不協和の理論」**と呼びます。そのため、いったん受け入れた要請を、多少中身が重くなったとしても、断ることはかなり大きな負担を伴うものとなるのです。

また人は、自分のとった行動から自分の性格を推測しようとします。

「自分は一貫性のある人間だ」

「いい加減な人間ではない」

一度決めたことを覆すことで、この評価を取り下げたくない心理も働くのです。

**Point**

1・相手の警戒心を解いて段階的に説得してしまうテクニック

2・人は一貫性にこだわり、二度目を断ることが難しい

小さな要請で相手の警戒心を解く！

## 43 逃げ道を作ってあげると相手の心は開く

### ▼言い訳をする機会があると人は安心する

### 逃げ道を作って部下の力を発揮させる

与えられた仕事は期待以上の成果を上げ、何事もきちんとやり遂げる力はあるのに、矢面に立つことを避け、人の後ろに隠れて目立たないように振る舞う部下というのは、とかく扱いにくいものです。いわゆる〝仕事ができないわけではない〟という人物です。

会議の席でも自分の意見を積極的に発言することもなく「君の考えは?」と、意見を求められても、あいまいにしか答えません。

飲みに誘っても「お供いたします」と、ついてはくるものの、自分からは誘うこともせず、お酒が嫌いなわけでもないのに積極的に「飲みに行きましょう」とは言いません。

この手の控えめな人というのは、自分では責任を取りたくない、できたら責任を取ることは避けたいと思っているのです。

もしこのような人があなたの部下だとしたら、決して追い込んではいけません。

仕事はできるのですから、

「何かあれば、私が責任を取るから」

「もし難しいことが起こったら、言ってきなさい。対策を考えるから」

と、仕事を頼むたびに伝えておくのです。

そうすると、責任逃れの口実で、

「○×部長の命令なので……」

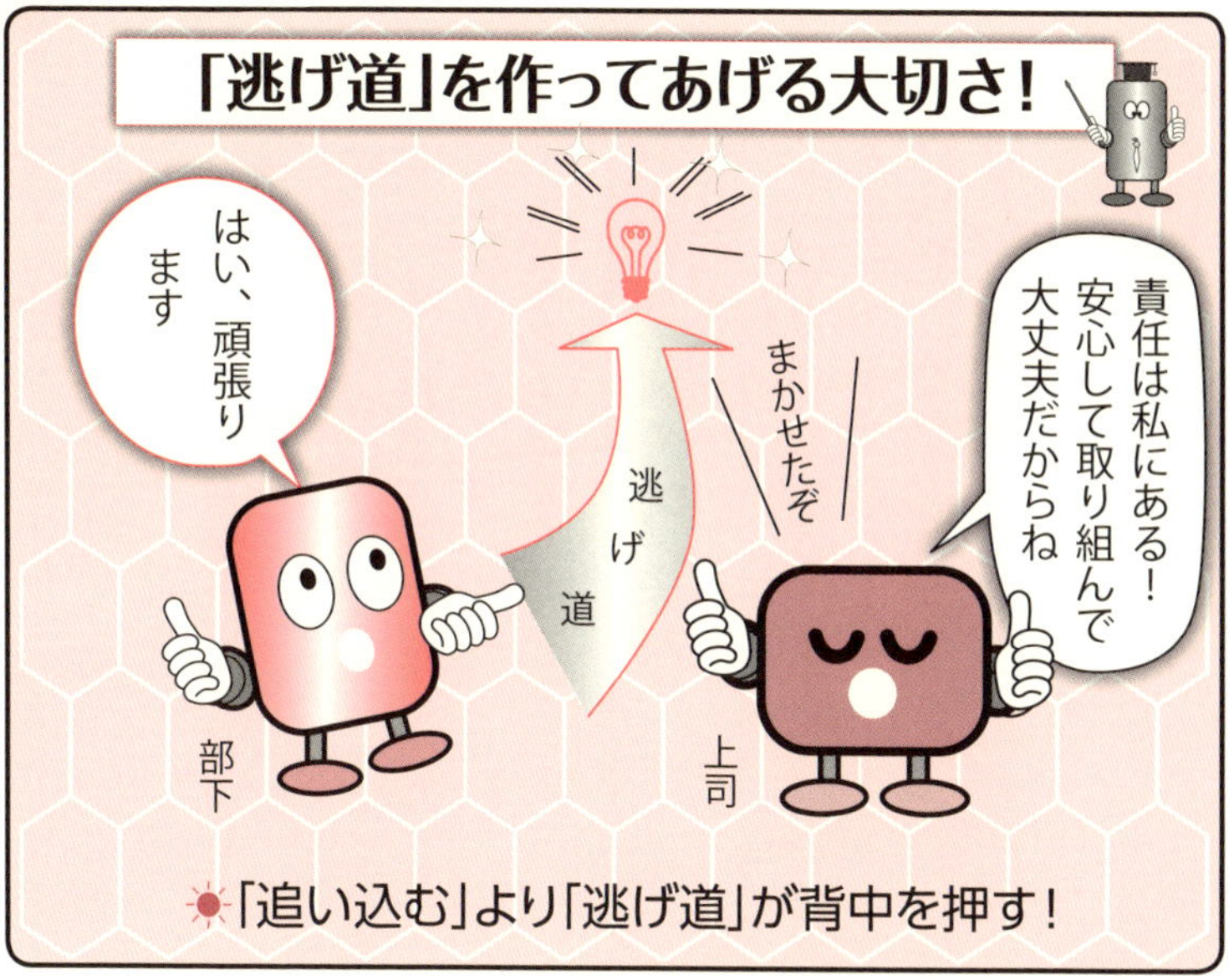
「逃げ道」を作ってあげる大切さ！
はい、頑張ります
責任は私にある！安心して取り組んで大丈夫だからね
まかせたぞ
逃げ道
部下
上司
「追い込む」より「逃げ道」が背中を押す！

「○△課長の指示にしたがっているだけですので……」

などと言い訳をしつつ、その安心感から十分な力を発揮し、予想以上の仕事をこなしてくれるに違いありません。

部下が力を発揮し、いい仕事をしてくれるために、上司は巧みな心理的トリックを活用しなければなりません。

すぐれたリーダーは、部下にプレッシャーをかけ、

「しっかりしなくちゃダメだよ」

「考えて行動しなさい」

だけではなく、逃げ道を作ってあげることが大切なのです。

では反対に、あなたの上司が責任を取りたくない〝ダメ上司タイプ〟だったらどう対応すればいいでしょうか。その場合も上司に対しては、何か逃げ道、言い訳を作っておくのです。

ある仕事にチャレンジしたいときなど、ひた

すら上司に「やらせて欲しい」とお願いするのです。

「君の熱意に負けたよ」

と言い逃れを残しておけば、上司は安心してあなたに仕事を任せるはずです。

しかしこのタイプの上司は、成功すれば手柄は横取りし、逆に失敗した際には、

「部下が独断でやったものだから」

と責任転嫁をする可能性も大です。

## 責任を取りたくない人を動かすテクニック

会社での取引、ビジネスシーンでは、責任問題はよく起こります。

実際に行動した人が責任を負わされるのか、指示を出した人、権限をもつ人が責任を取るのか、責任の所在を曖昧なままに仕事を続けていると、それはのちに大きなトラブルに発展する可能性があります。

このような問題を避けたい人は、特に責任の所在にこだわる人なのです。

上司と部下の関係では、どこまでがどちらの責任なのか、常に責任問題がつきまとうものです。しかしながら、責任の所在をはっきりさせず、曖昧のまま仕事を続けるという現実は、ビジネスシーンにはよくあります。

責任の所在をはっきりさせ、上司に「責任は私が取るから」と言わせてから仕事に取りかかる人がいますが、この方法はじつは賢明なやり方なのです。

仕事を任された部下がいちいち、

「責任はどうなるのでしょうか？　私ですか、それとも部長でしょうか？」

などとは聞けない現状を考えると、上司たるもの「責任は私が取る」と、どのような場合にも部下を信頼して仕事を任せるようであると、組織全体の士気は上がり、部下はのびのびと力を発揮できるというものです。

## 責任を取る上司、取らない上司

「責任は私が取るから、思い切ってやってみてくれ」

と上司に言われた部下はうれしいものです。

上司が自分を信頼し、期待してくれていると思えば、その思いに応えようとするものです。

理想の上司ともいえる責任を取る上司は、責任は取らずに成功すればその成果だけは自分のものとしてしまう上司よりは、はるかに格好のよいものです。

責任の問題を「責任は私が取るから……」と部下に伝えたからといって、失敗の責任がすべて上司だけのものになるわけではないことを、部下は承知しています。

だからこそ、部下の背中を押す効果が高い上司の責任に対する発言は、上司たるもの、心に留めておきたいものです。

**Point**

1・能力があっても責任問題で尻込みする部下には逃げ道を作ってあげる

2・責任を取る覚悟のある上司の下では組織全体の士気が上がる

上司のひと言が部下の背中を押す！

# 44 ツンデレを使って相手の行動を操る

▼挑発的なひと言が結果的には相手の心を動かす

## 誰にでもある反発心を上手に活用するコツ

程度に違いはあるとしても、人には反発心というものがあります。

よく「勉強しなさい」と子どもに言うと、「今しようと思ったのに、もうやりたくなくなった」と返されることがありますが、人は自分の意思によって物事を決めたいという欲求があり、「強制」を嫌います。特に男性は、男性脳の影響からかこの欲求が強いといわれています。

男女の関係でも「嫌い！」と言われた相手のことが気になって、気がついたら好きになっていたなどということがあるのも反発心の表れでしょう。

ひところ流行していた〝ツンデレ〟というものも、人の反発心に根差したひとつのあり方です。人前では反発し、常にツンツンしていながら、二人になるとデレデレするという行為は、意外と相手の心をつかむものなのです。

営業のシーンでも、この反発心に着目しているものがあります。つまり上手にお客様の心を操って売り上げを上げているのです。

たとえばゴルフクラブの新製品が出たとしましょう。営業マンはさっそくお得意様に売り込みに行きます。

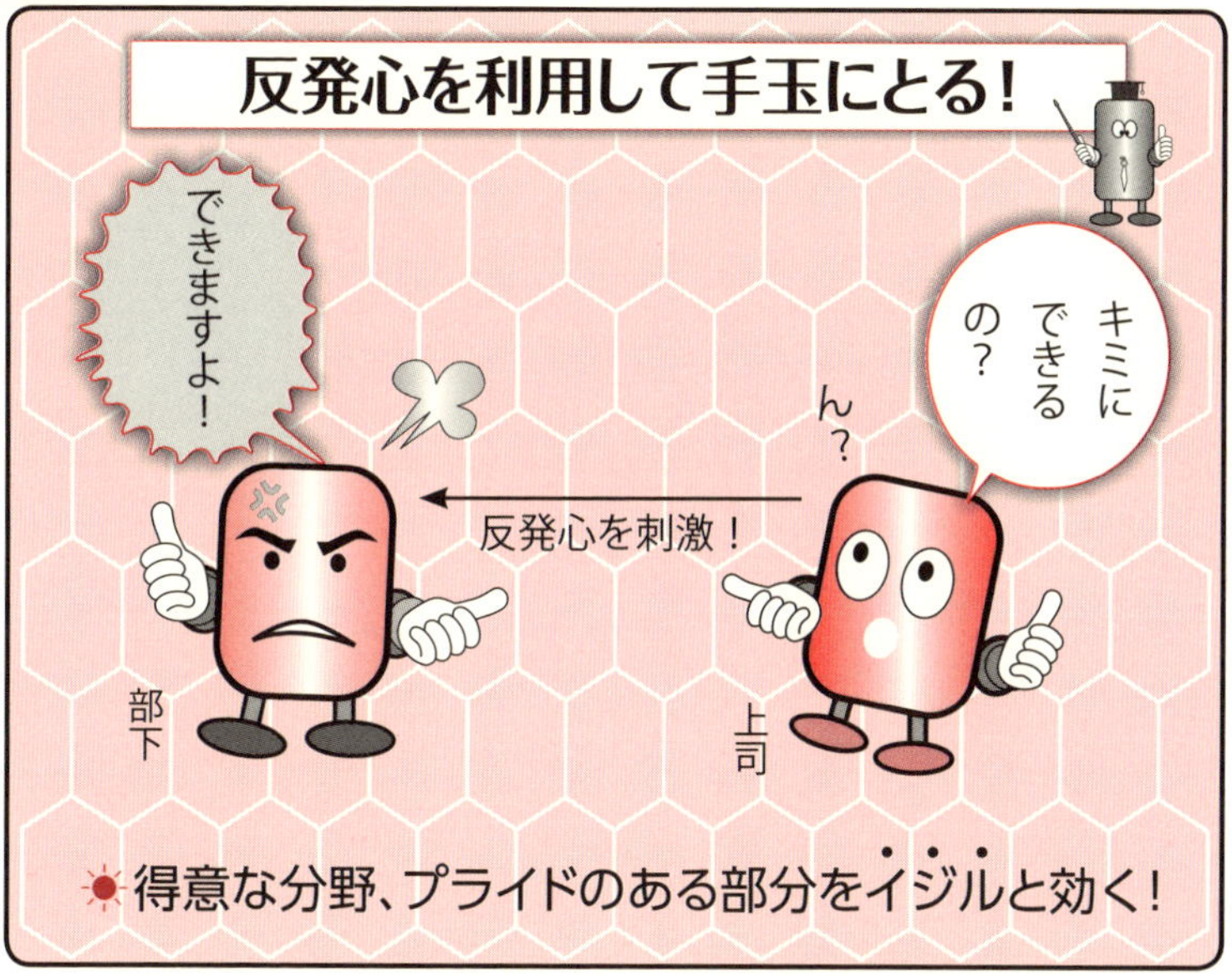
反発心を利用して手玉にとる！
キミにできるの？
ん？
できますよ！
反発心を刺激！
部下
上司
得意な分野、プライドのある部分をイジルと効く！

眺めたり握ってみたりして「いいね～」とは言うものの、そこから先がありません。

そこで、

「従来のものと違って、慣れるとこのクラブはよく飛ぶのですが、プロ仕様なのでお客様にはどうでしょうかね～」

などと、やんわり挑発してみせるのです。

相手を怒らせてしまってはなんにもならないので、自尊心をくすぐるような言い方がコツです。

「どうでしょうかね～」の言葉には、「あなたには無理かもしれませんね」のニュアンスが込められているので、相手の胸中には反発心が湧き上がります。

「何を失礼な、こう見えてもゴルフ歴20年、ハンディ10ですよ。使いこなせないわけがない」

となればしめたもの。はい、お買い上げです。

強制されると反発するわけですから、「買ってください」「使ってみてください」では「いや、結構」ということになってしまいます。ちょっと能力に疑問をもつような言葉で挑発してみるというわけです。

日常生活でもこのような〝反発心〟を巧みに利用した現象は多く見られます。

主婦が夫に買い物を頼みたいときなど「買い物、お願い」とは言わず、

「あなたには買い物は無理ですよね」

と言うほうがスムーズに買い物をお願いできるというのもひとつの例でしょう。

## 挑発的な言葉が人を動かすことがある

公園で子どもたちが大勢集まってサッカーをしているところで、一人だけ少し離れたところでつまらなさそうにリフティングをしている子がいました。

そこへお友達のお母さんがやってきて、

「○×君はみんなとサッカーやらないの？」

と聞いても、知らんぷりです。

「○×君はサッカーできなかったんだっけ？」

とからかうように言ったとたん、その子は、

「できるよ！」

と走ってサッカーの仲間に入っていきました。

そのお母さんの言葉、

「できなかったんだっけ？」

という挑発的な言葉に反発して、その子はやる気になって行動したのです。

お友達のお母さんは、心理学的な効果を狙ったわけではなかったのでしょうが、やる気のない子にやる気を起こさせる言葉としてはピッタリの効果的な言葉だったのです。

もしお母さんが、

「○×君は、サッカー嫌いだっけ」

と声をかけていたら、

「うん、嫌い」

「それなら仕方ないね」

で終わってしまっていたのかもしれません。

## 説得の逆効果としての強い反発・ブーメラン効果

挑発的な言葉に反応して反発心をもってくれたならば、その挑発は功を奏したことになりますが、態度を硬化させてしまうという場合もあります。

「あなたには無理ですね」

「無理だよ、できなくて何が悪い……」

このように開き直りともとれるような態度は、相手の反発心を硬化させてしまった証拠です。

こうなってしまうことを「**ブーメラン効果**」と呼びます。挑発行為が、相手を自分の思う方向とは反対方向へと誘導してしまったのです。

なぜそうなったのか理由はさまざまですが、考えられる理由のひとつは、相手があなたを嫌っているか、あるいはおしつけがましいと感じたのかもしれません。

いずれにしても、挑発が失敗した例です。

**Point**

1・反発心をうまく利用すると相手を思ったように動かせる

2・挑発的な言葉に相手が反発すれば効果が得られることがある

反発心を硬化させると失敗する！

# 45 上司との交渉事をうまく進める説得術

▼説得する側から説得される側に持ち込む心理テク

## タイプ別上司の説得術

一対一の関係で、しかも相手は上司という状況で説得しなければいけないとしたら、あなたはどうしますか。立場が下の者が上の者を説得するというのは、かなり神経を遣うものです。

上司ともなれば、ちょっと口を滑らせてよけいなことを言って気分を害されてしまったら、あとあとの仕事がやりづらいことになってしまいます。

そもそも、下の者に説得なんてされたくないと思っている人がほとんどですから、部下に説得されていると思わせない雰囲気やシチュエーション作りが、まずは必要です。

そのためには、相手との距離を大きく取ります。物理的に距離が近いと、相手に心理的威圧感を与え、身構えさせてしまうからです。この距離を保つことが、自分は説得されているのではなく、部下の意見を聞いて自分の判断で決定しているといった錯覚に陥らせることになるのです。

そしていよいよ説得に入るのですが、これは上司によって違いがあるので、タイプ別に見ていくことにしましょう。

**＊権威が好きな上司**

自分の意見と相違すると怒ります。説得には有名人や専門家の名前、大手新聞や雑誌などを引き合いに出すと案外すんなりといきます。

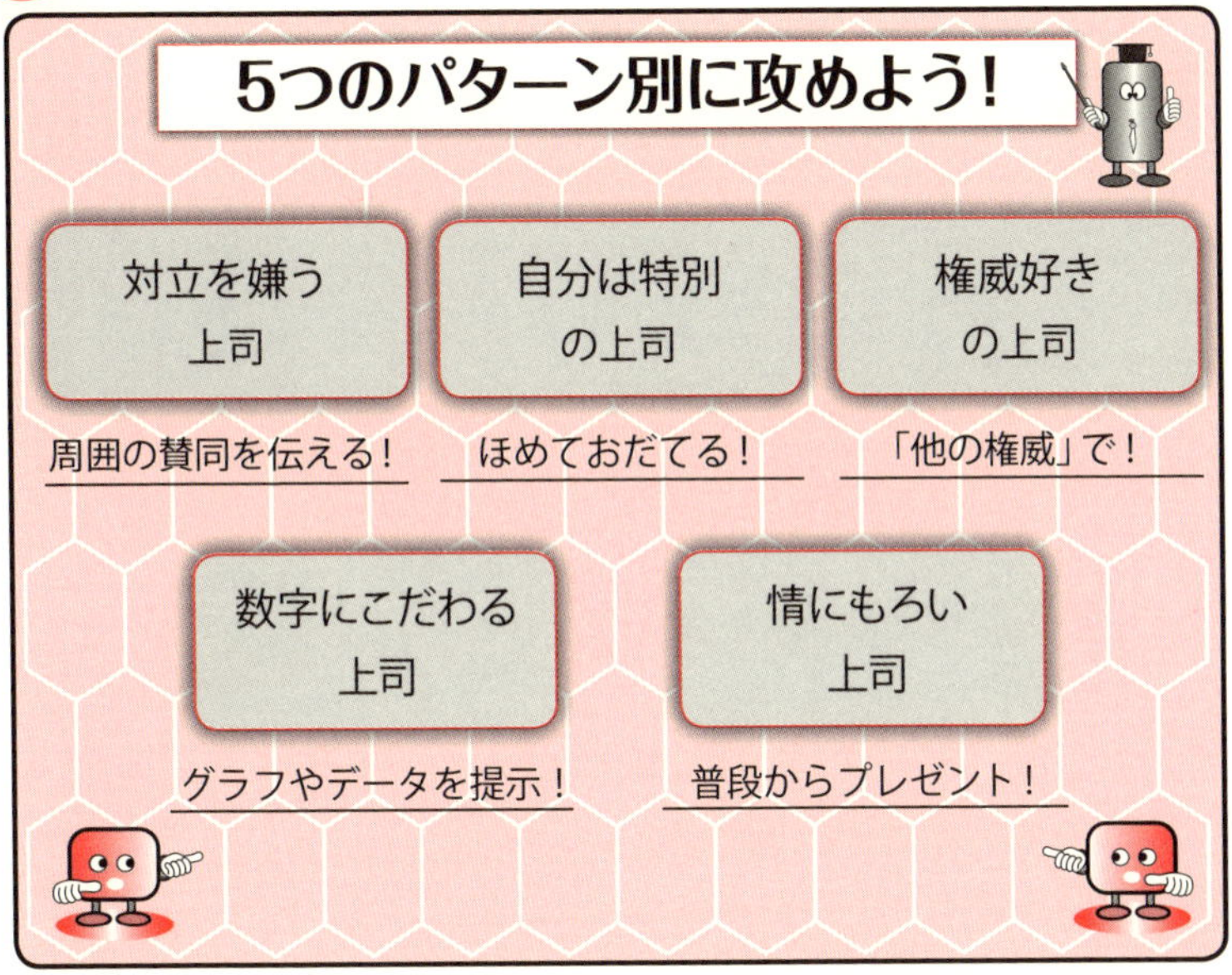
5つのパターン別に攻めよう！
対立を嫌う上司
周囲の賛同を伝える！
自分は特別の上司
ほめておだてる！
権威好きの上司
「他の権威」で！
数字にこだわる上司
グラフやデータを提示！
情にもろい上司
普段からプレゼント！

**＊自分は特別と思っている上司**

自意識過剰なので、ともかくおだてる、ほめて気分をよくしておいて説得にかかるのがよいでしょう。

**＊対立を嫌う上司**

自分の意見はもたず、周囲に合わせていれば安心します。「○△課長も、○×部長も同じ意見です」で、説得可能です。

**＊情にもろい上司**

場の雰囲気を大事にするタイプで、普段からちょっとしたお土産などを渡したりしておくと、何かのときに結構力になってくれます。

**＊数字にこだわる上司**

ともかく、何につけても「数字で示せ」「データを取れ」と、数字にこだわります。グラフや表で説明できれば、説得できます。

人を上手に説得するためには、その場の状況や相手の性格に応じた心理作戦を展開することが大切です。

## 上司を説得するための もうひとつの作戦

上司を説得するには上司のタイプを見極める必要があり、相手の性格に合わせた心理作戦を展開する方法を述べました。

しかしまだ上司とのお付き合いも日が浅く、どんな人物・性格なのかがわからないなかで、説得のお役目がまわってきたとしたら、不安に思われる人も少なくないでしょう。そのような場合によい作戦があるのでお教えしましょう。

説得といっても上司ですから、まずはお願いです。何度も何度もお願いを繰り返します。それでも聞き入れてくれないようなら、とりあえずはあきらめます。

次に、上司の周囲の人物を説得するのです。あなたと意見を同じくする先輩の協力があれば、力強いことこのうえありません。

場所は問いません。会議室でも、ランチルームでも、廊下でもこの人と思った人を根気強く説得するのです。

すると周囲の人が、あなたの上司に対して、

「あの企画、どうなりましたか?」

「面白いですよね、課長のお考えは?」

などと、働きかけをしてくれます。外堀を埋められれば、上司もいつまでも知らない顔もできませんから、周囲の意見を酌んで、重い腰を上げてくれるというものです。

## 会議の場での効果的な説得術

ビジネスマンにとって、相手を説得するという場面にはよく遭遇します。説得のうまい下手は、そのまま評価や実績につながるものなので、おろそかにするわけにはいきません。そこで効果的な説得術を挙げてみることにしましょう。

大勢の人が意見を発表するような会議の席では、心理学でいう「**親近効果**（**終末効果**）」を応

用します。

「親近効果」とは、**さまざまな異なった意見や情報が飛び交うような場では、人は最後の意見に左右されやすい**という人間心理の特徴を表したものです。

とかく人は、何がなんでも自分の意見に賛成してもらいたいというときは、会議が始まって早々に意見を熱っぽく披露したくなるものです。

しかし「親近効果」を狙っているあなたは、ほかの人の意見がすべて出そろうのを、グッと我慢して心静かに待つのです。

そして意見が出そろったところを見計らって、おもむろに意見を述べるようにします。そうすると、ほとんどの人があなたの意見にうなずいてくれるはずです。

説得とひと口に言いますが、ワンパターンではない、状況に応じた対応が功を奏することを知らなければなりません。これも心理トリックのひとつなのです。

**Point**

1・上司を説得するには、説得されていると思わせない錯覚を利用する

2・発表の場では、人は最後の意見に左右されるもの

心理トリックを使えば簡単に説得できる!

46

# YESを引きだす効果的前置き術

▼前置きが相手に与える効果とその活用法

## 前置きの上手な使い方で心理を操る

話を始めるとき、いきなり本題から入っていくというシーンはよくあります。

「うちの犬が子どもを産んでね……」

「駅前のレストランが新装開店してね……」

といった具合です。

話を聞かされた相手はこの先、この話は面白いのか、楽しいのか、それとも悲しい結末なのかはまったくわかりません。

ところが、少し話し方を工夫するだけで会話はグーンと盛り上がります。

「悲しい話なんだけど、うちの犬が子どもを産んでね……」

「おかしい話があって、駅前のレストランでね……」

のように、前置きを入れるだけで人は、

「悲しい話ってなんだろう」

「おかしい話？　どんな話だろう」

と興味をそそられ、話を聞きたくなるものなのです。

前置きとは「つかみ」などとも言われますが、本題に入る前に述べる言葉のことです。

前置きは、上手に使うと複雑な人間心理も簡単に操ることができるのです。

たとえば、日頃から何かと口うるさい上司に、休暇願を出さなければならなくなったとします。

**「重大前置き」が効果テキメン！**

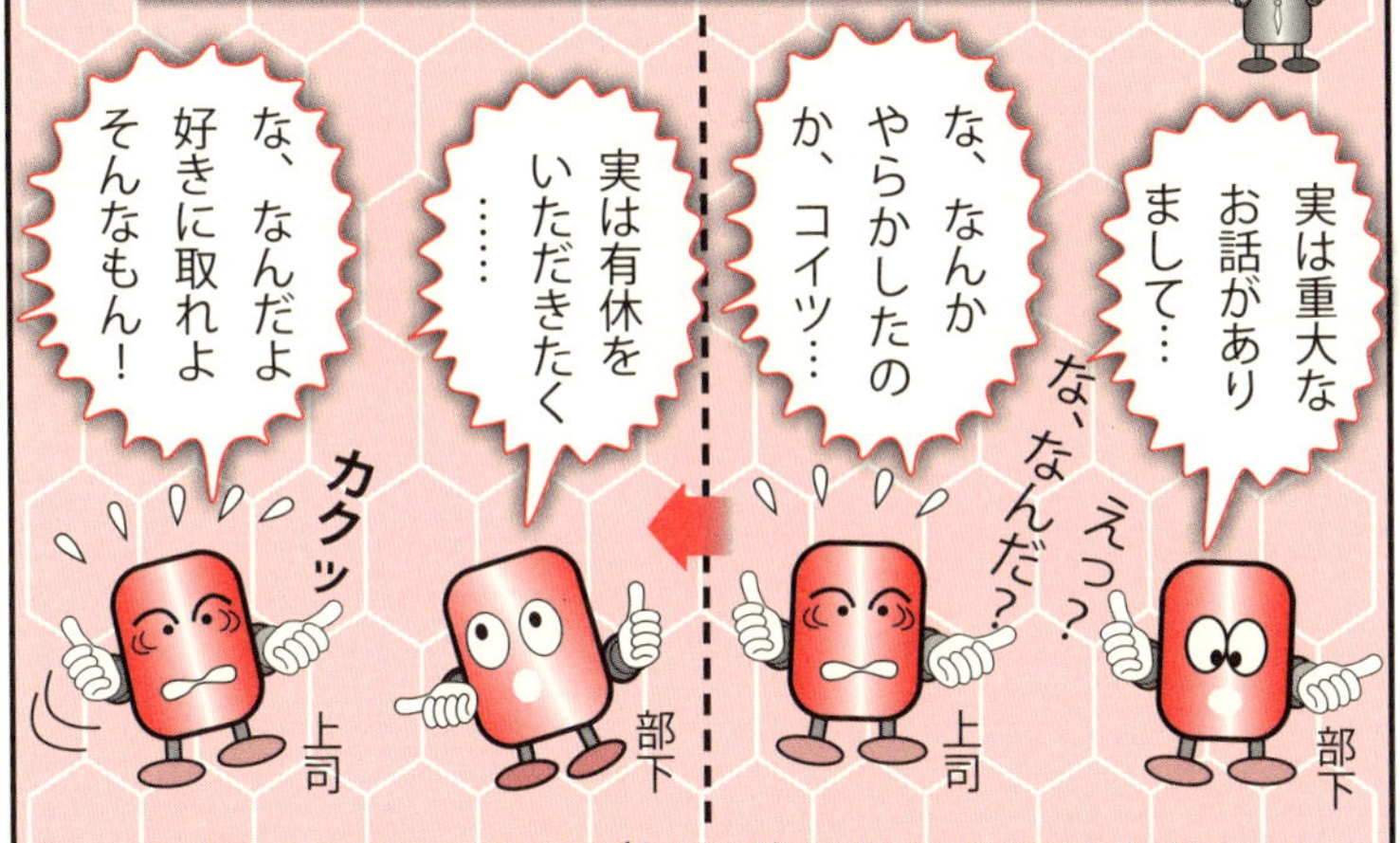
実は重大なお話がありまして…
えっ？ な、なんだ？
な、なんかやらかしたのか、コイツ…
部下
上司
実は有休をいただきたく……
な、なんだよ好きに取れよそんなもん！
カクッ
部下
上司

相手の思い込みが打ち砕かれると肩すかしに！

仕事に支障の出ないように手はずを整え、有給休暇を消化するだけのことなのですが、嫌みのひとつも言われないとも限らないので、できらそれを避けたいところです。では、この場合どう切りだしたらいいでしょう。

「有給休暇を使って、一日お休みを取りたいのですが」

と切りだそうものなら、

「この忙しいときによく休めるな」

と、嫌みのひとつやふたつではすまず、お説教が始まらないともかぎりません。

こんなときにはまず深刻そうに装い、そして神妙な顔で、

**「部長、じつは折り入ってお話があるのですが……」**

と切りだすのです。

このひと言で、相手は、

「なんだ、またやっかいな問題でも起こしたんじゃないだろうな」

と勝手に想像をふくらませて、一瞬躊躇《ちゅうちょ》するはずです。そこですかさず、

「わがままを言って申し訳ありませんが、一日お休みをいただきたいと思いまして……」

と本題に入るのです。

すると相手は安心して肩の力を抜いて、

「なんだ、そんなことか」

と、あっさり休暇願を許してくれるでしょう。

## 前置きがもたらす心理的効果

前置きには、これから話す話の内容をかいつまみ、相手の気を引く「悲しい話なんだけど……」「面白い話があってね……」などというフレーズのほかに、ことさら重大な問題のように相手に思わせる**「重大前置き」**というものがあります。

休暇願の答えをスムーズに相手から引きだすのは、重大前置きの手法のひとつです。

この手法は、相手からどうしても「YES」の答えを引きだしたいときに、効果を発揮してくれます。

**前置きであたかも重大な問題であるかのように相手に思わせる**ことで、実際の問題が予想に反して小さなものであればあるほど、相手は大した問題ではないと判断して、寛容な態度に出てくれるものなのです。

「折り入ってお願いがありまして……」

「たいへん申し上げにくいことなのですが……」

「じつは困難な問題が発覚いたしまして……」

などのように、重大前置きはぜひ覚えておくとよいでしょう。

気をつけなければいけないのは、前置きと現実の問題に大きな落差があるときに有効なテクニックですから、問題自体が本当に深刻なケースでは、その効果は期待できないことも同時に覚えておいてください。

## 前置きのうまい人は話し上手と言われる理由

話し上手な人は、最初の前置きで聞き手の心をグッとつかんでしまうものです。

会議でも講演でもプレゼンテーションでも同様です。冒頭部分に精魂を込めて聴衆を引き込んでしまうと、冒頭部分を聞いただけで「もう聞かなくてもいいや」と思えばそれまでですし、「これはきちんと聞かなくちゃ」という人は、だいたい最後までしっかりと、聞いてくれるものです。

何気なく話している前置きが、なんだかしまりなく、いい印象を与えることのない内容ではまずいので、時間のあるときにいくつかのパターンを作っておくというのも、ひとつの手ではあります。

**前置きは長くなく、できるだけ明るい内容のものが歓迎される**ことも覚えておきましょう。

**Point**

1・前置きの上手な使い方で人間心理を簡単に操ることができる

2・重大前置きは相手からYESを引きだしたいときに有効である

前置きの言葉ひとつでNOをYESに変える!

47

# ネクタイの色で自分を演出するコツ

▼ビジネスシーンに応用できる色を使った心理テク

## 色彩が人の心理に与える影響

ヨーロッパの空港で、飛行機を待っているときに見た高齢の女性たちは、赤のセーターやピンクのティーシャツを素敵に着こなしている方が多く、見ているこちらはとても明るい気分になった記憶があります。

欧米では高齢者の女性ほど、好んで赤やピンクの衣服を着る傾向にあるそうです。歳をとっても自分自身が若々しくありたいということや、周囲に老人の暗いイメージを意識させないようにするための配慮というのが理由のひとつのようです。

日本では最近、ピンクのユニホームを着用している看護師さんが増えていますが、ピンクは白よりも人の気持ちを和ませる効果が高いからだといわれています。医師が手術の際に着る緑色の手術着も人の気持ちを落ち着かせることにひと役かっているのです。

最近はかなり変わってきましたが、ひと昔前には日本のサラリーマンのスーツ姿を称して「どぶねずみルック」などと揶揄《やゆ》したものでした。サラリーマンの誰もが灰色か紺系のスーツに身を固めて出勤するオフィス街の光景が、まるでねずみがゾロゾロ列をなしているように見えたことから、こんなことを言われたのです。

またサラリーマンが、会社の歯車となってひ

## "色"が与える基本的心理効果は?

| | |
|---|---|
| 赤・黄色<br>オレンジ | 暖かい印象! |
| 緑・黄緑<br>紫 | 中間の印象! |
| 青・青緑・青白<br>白 | 冷たい印象! |

たすら働く精神を、没個性の象徴として表していたこととも無関係ではないでしょう。

　このように色彩と人間の心理は密接な関係にあり、色が人間心理に与える影響はとても大きなものなのです。

　色を大きく分類すると「暖色」「寒色」「中間色」となりますが、「暖色」は赤、黄色、オレンジなどの暖かい感じのするもの、「寒色」は青、青緑、青白、白など冷たく寒い印象を与えるもの、その中間に緑、黄緑、紫系の「中間色」があります。そのほか「重たい色」「軽い色」などと分けることもあります。

　色の特徴や持ち味をよく知っているデザイナーやイラストレーター、ファッション関係の仕事をしている人は、場所や目的に合わせて人に与える色の効果を計算していますが、一般的には色のチョイスはまだまだ自分の好みでというのが現状です。

人間心理にさまざまな影響を与える効果の高い色彩感覚を磨いて、ビジネスや日常に生かしてみたいものです。

## 色を気分で使い分ける心理効果

ビジネスの場面ではそうそう派手なものというわけにはいかないでしょうが、ちょっとフレンドリーな印象を与えたいと思ったら黄色をうまく取り入れてみるといいです。黄色がもつ自然な色合いは、社交的で楽しい気分を演出してくれます。

厳格なイメージを出したいときには、やはり黒です。重く頑丈な印象はほかの色にはない重厚感があふれています。黄色や赤など明るい色とも相性がよく、組み合わせの効果も期待できます。

ただし黒色の特徴として、長時間着用していると、エネルギーを衰退させ絶望感が襲うこともあるということも知っておく必要があります。

相手を意識するのではなく、あなたの精神状態に合わせて服の色を使い分けるという方法もあります。気分が重く落ち込みがちなときには、明るい色の服を着るようにします。

色が人の心理に与える影響はじつに不思議で、それだけで気分が晴れたりするものなのです。暗い気分のときには、地味な色合いの服を選びがちなもので、気をつけないといっそう気分が落ち込んでしまうことにもなりかねません。

## 色は人の心理状態を反映し行動にも影響する

色が人の心理状態に影響を与えることは、すでに述べましたが、それぞれの色がどのような働きをして、人に影響を与えるかを知ることで、人を自分の思ったように誘導することもできることを見ていきましょう。

色そのものは、世界中で同じですが、国や文化の違いによって心理的な受け取り方にも違いがあります。

赤は警戒を表すことが多く、人体の交感神経に刺激を及ぼし、体温や血圧を高くします。

白は純潔を表すことで、清算やリセットをイメージする色です。

青は精神的に落ち着きをもたらす作用があり、体温の低下や痛みを緩和させる働きがあります。

色彩は文字や言葉と違い、人の心理や生理にダイレクトに伝えられるものなので、それぞれに感じたままの印象が素直に受け止められます。

意識するしないにかかわらず、人は心や気持ちに色の影響を無意識のうちに受けているのです。

自分の暮らしている家や部屋から受けている色彩の影響を改めて見直してみるというのも、自分を演出するうえで意味があります。

**Point**

1・無意識のうちに色彩は人の心理に影響を与えている

2・色は心理状態に反映して人を誘導している

色彩が人に与える心理的効果は大きい！

# 48 相手が受け入れやすい要望から言う

▼「ロー・ボール・テクニック」でYESを誘導

## 受け入れやすい要望から提示する意味

「○×君、今日ちょっと手伝ってもらいたいことがあるんだが、大丈夫かな？」

と、あなたが上司から残業を頼まれたとします。

「ちょっと、と言うぐらいだからすぐ終わるだろう」

と判断したあなたは、おそらく即座に、

「はい、大丈夫です」

と応じるに違いありません。

ところが、

「○×君、今日中にこの前の案件をすべてコピーして、300部の冊子にしてもらいたいんだが大丈夫だよね？」

と言われたら、あなたは、

「まずいな！　2～3時間かかるよ、ひょっとしたらもっとかかるかもしれない」

と見積もって、

「すみません、今日は予定がありまして……」

となります。

同じ残業を頼むにしても、頼み方でYESとNOに答えが分かれてしまうのは、頼み方に違いがあるからです。

仕事を頼むところで内容をすべて明かしてしまうと、相手はどのくらい時間がかかるか「気

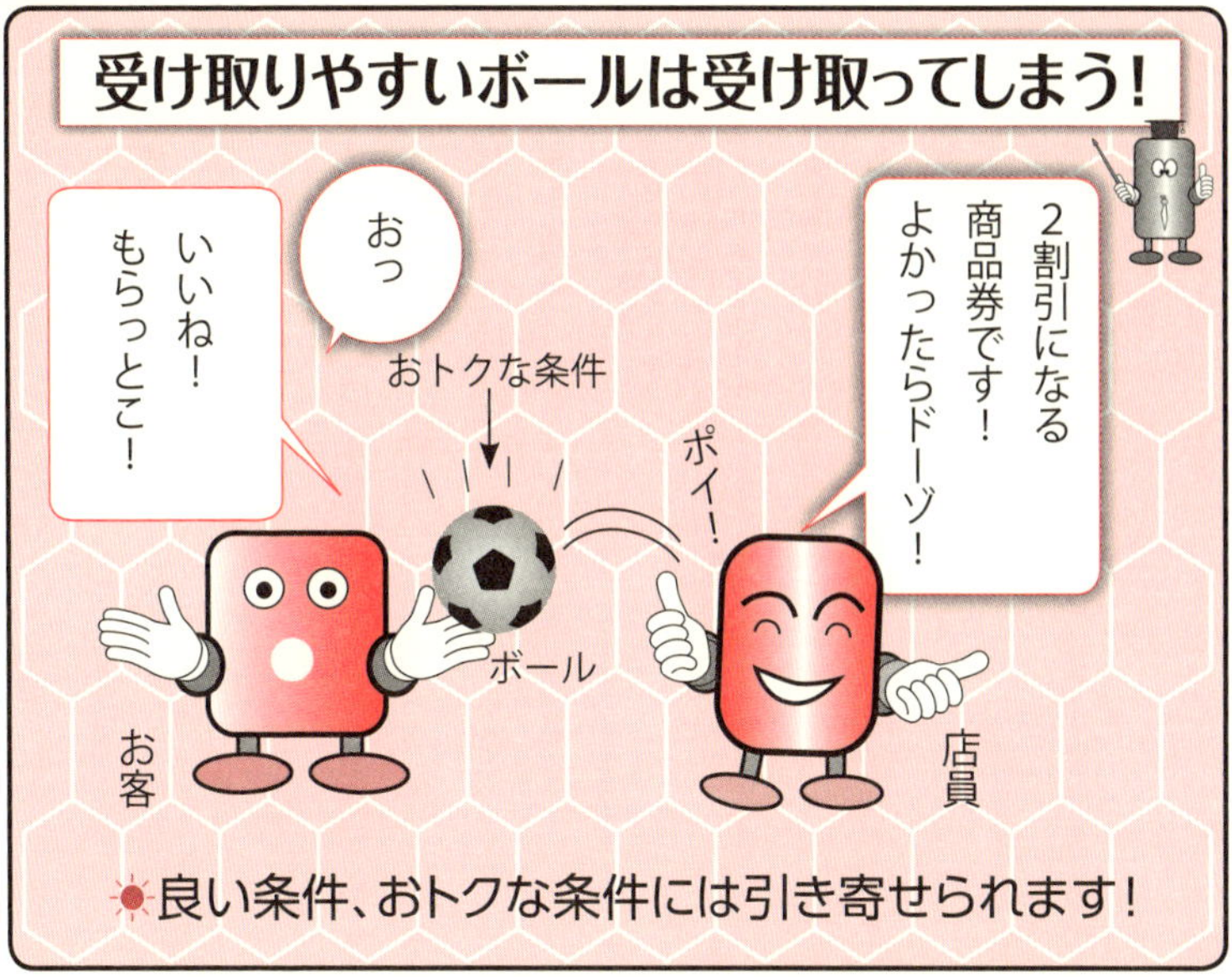
受け取りやすいボールは受け取ってしまう!
2割引になる商品券です!よかったらドーゾ!
ポイ!
おっ
いいね!もらっとこ!
おトクな条件
ボール
お客
店員
良い条件、おトクな条件には引き寄せられます!

乗りのしない仕事だな」などと考えてしまい、断られる可能性が高くなります。

逆に、最初に相手が負担に感じない程度の要望を出し、了承を取りつけた段階で詳細を説明するやり方を、心理学では**「ロー・ボール・テクニック」**といいます。相手の受け取りやすいボールを最初に投げてあげるという意味です。

この手法は商品販売によく使われています。はじめは商品のいいところをたくさん挙げて紹介し、「買います」「それください」となった段階で商品の欠点である、よくない箇所を説明するわけです。すでに買うことを決めてしまったあとに欠点を説明してあげると人は断りにくいものです。

**一度「買います」と言ってしまったら、「それならいらない」とはならない人間心理**を巧みに活用したやり方です。

ここで注意しなければならない点は、相手が怒りだしたり「最初に言ってたことと違うじゃないか」というような誤解やだまされたと思われるようなことは避けなければなりません。

相手との関係を悪くしてしまうこともあるので、慎重に進めるようにしましょう。

「ロー・ボール・テクニック」は、さまざまなビジネス場面に応用できるので、相手にYESと答えさせたいことがあったら、一度使ってみる価値はあります。上手に使うことができれば、相手を意のままに操ることも十分可能です。

## 男女の関係でもよく使われている心理テクニック

恋愛にも「ロー・ボール・テクニック」はよく使われています。たとえば、男性が女性に告白する場面を想定してみましょう。

本当のところは、キープしていた二番目の相手だったのですが、最近本命の相手にふられてしまって告白しているとします。

いずれわかってしまうことだとしても一度オーケーをした女性は、あとになって「話が違う……」と思ったところで、別れ話にまでは至らないはずです。

同じような例として、じつはバツ1だったということを告白するタイミングとして、最初は隠したままにし、しばらくしてから、

「じつは前に一度結婚に失敗していて、キミとならず～っとうまくやっていけそうな気がするので……」

とバツ1という悪条件を告げると、案外、

「言ってくれてありがとう」

とお礼を言われることになる可能性が高いのです。

男女の関係では、結構日常的にありがちですが、やはり「ちょっと予想外だったな」程度の内容が限度です。いくら悪条件とはいえ、相手に訴えられてしまうような事実は避けなければいけないのは言うまでもありません。

## だまされたと思わせない程度でなければいけない

「本日50％割引セール実施中」

街を歩いているとこんな看板を見かけることはよくあります。50％といえば半額ですから、ちょっと足を止めて入ってみようという気になります。

陳列ケースの中から気に入ったものを何点かとって、この際まとめ買いをしておこうと会計へもっていくと、数点が半額になっていません。

「あれ、どれも半額じゃないの？」

「申し訳ございません。こちらとこちらは定価でございます」

「店の商品全部が半額じゃないんだ」

どうせ買わなければいけないものだから、まあいいや、と断りにくくなって買ってしまう人がほとんどです。が、この程度でしたら、承諾してもらえる可能性は高いでしょう。

**Point**

1・受け入れやすいことで承諾を得てから詳細を説明するとYESが得やすい

2・多少の条件の違いは受け入れてしまう人間心理を巧みに活用したテクニック

一度承諾したものは次も断らない！

49

# 小さな譲歩で大きな成果を生みだす交渉法

▼相手を手玉にとるウィン・ウィンの法則

## 勝つための交渉事の基本は情報収集

交渉が成功するということは、自分が交渉の結果に対して満足できるかどうかということです。

その場合考えられるのは、自分は満足しているが相手は満足していない、あるいは自分も満足して相手も満足している、という二つのケースです。

**「ウィン・ウィンの関係」**とは、結果的に自分も相手も満足する結果が得られるということです。

自分も相手も満足できる結果を得るための交渉術とは、相手が存在して成り立つものです。自分の主張を一方的に相手に押しつけるばかりでは平行線をたどり、いつまでもまとまらないものとなってしまいます。

そこで、自分の主張はどこまでで、どこで譲歩するか、また譲歩したと思わせるかが大きなポイントとなるわけです。

たとえば、コピー機販売のベテラン販売員のAさんはまず、

「今お使いのコピー機はいかがですか？」

と聞くそうです。

相手の会社が現在使用している製品に満足しているのか、いないのか、あるいはリースの条件はどのようなものなのかを探りだすのです。

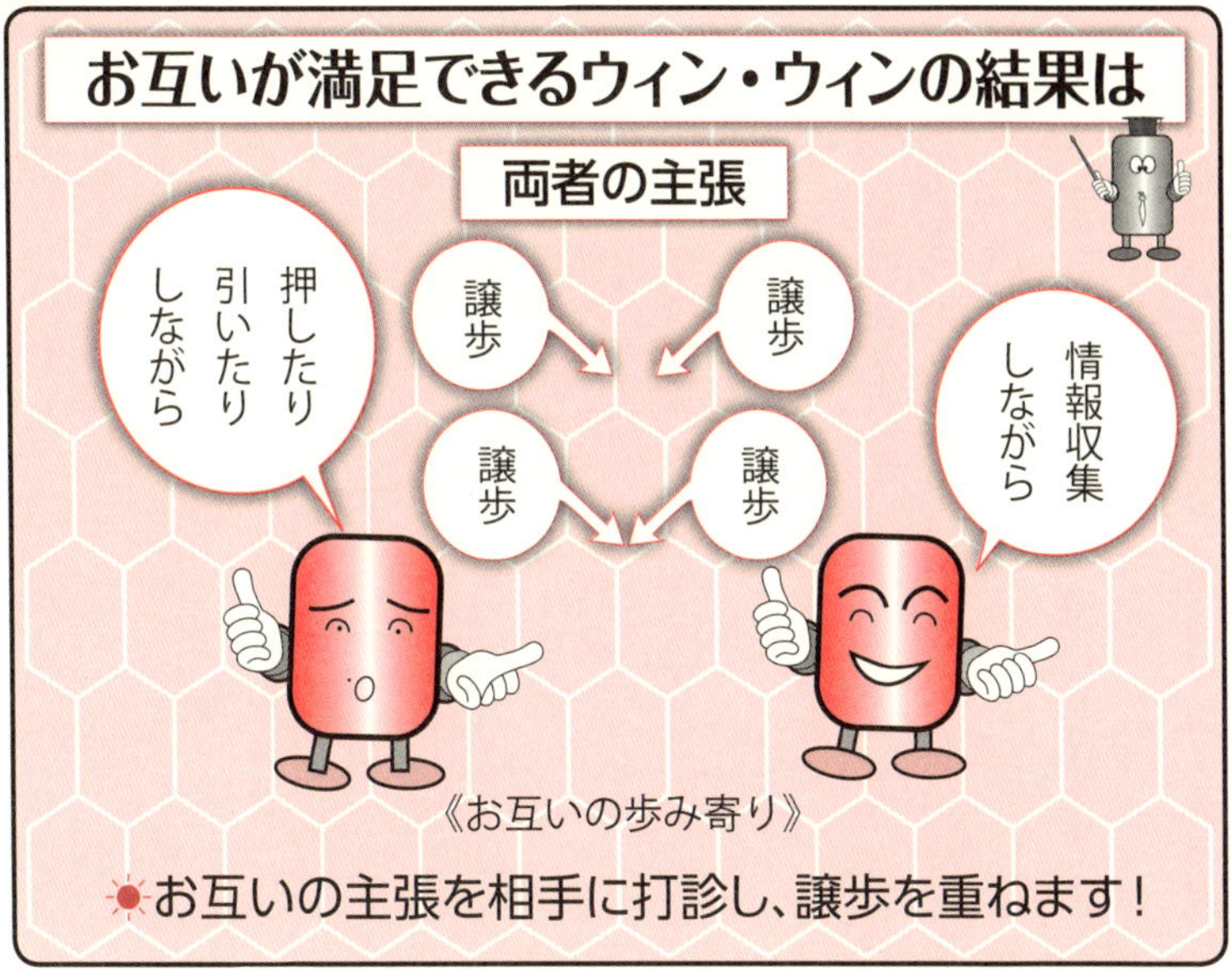
お互いが満足できるウィン・ウィンの結果は
両者の主張
押したり引いたりしながら
情報収集しながら
譲歩
譲歩
譲歩
譲歩
《お互いの歩み寄り》
お互いの主張を相手に打診し、譲歩を重ねます！

売り込もうとしている自社製品との比較をしながら情報収集し、交渉に入っていきます。

相手のほうが高い場合には、

「うちはこのくらいでやらせていただきます」

と簡単ですが、安いときこそベテランの腕の見せどころとなるわけです。

「それはいい条件ですね。うちではちょっとマネできないですね」

などと、こちらが引き気味な発言をすると、

「安いのはいいけど、故障が多いんだよね」

「使い勝手がよくないなんて声もあってね」

などと、相手はマイナス面を話しはじめたりすることもあるからです。

さて、そこからAさんの交渉が始まります。

「うちでは普段ここまでしかサービスはしないのですが、今回特別に△△△円まで安くしちゃいましょう」

「御社にだけ専門の担当をつけて、メンテナンスサービスさせていただきます」

といった具合に、相手の弱いところにグイグイ食い込んでいくわけです。

## 相手に譲歩しながら知らずに交渉に勝つコツ

Aさんは「今回特別に」「御社にだけ」という言葉を使っていますが、このなかには「ここまで譲歩しているのだから、検討よろしくね」という意味が込められているわけです。

これを聞いた相手は、

「そこまでやってくれるなら、うちとしてA社に変えても損はないな、むしろ得なわけだ」

という気持ちになれば商談成立です。

最初に情報を集めたAさんは、相手側の問題点と不足している部分を自社の製品と比較検討しながら、損のないところを探りだしています。

そして自分が損をしない範囲内で譲歩を示し、相手を満足させる結果となっているのです。

どちらも自分の主張をしつつ、相手を尊重しながら合意に至っています。どちらか一方が強引に押しつけることもなく、おたがいの合意を形成しているわけですから、交渉は自分も相手も勝ったこととなり「損をした」と思うことなく商談成立です。

Aさんの譲歩は、もしかしたら通常のサービスの範囲内かもしれません。それでも相手が「譲歩してくれている」と、思うなら気持ちよく商談がまとまってウィン・ウィンの関係が成立したといっていいのでしょう。

**要はいかに相手に満足感を与えることができたか、**ということに尽きるのです。

## ウィン・ウィンの関係は人間関係の基本

交渉の際のウィン・ウィンの関係とは、人としての基本でもあります。なぜならウィン・ウィンの関係とは相手を尊重し、おたがいが対等であることが前提だからです。

交渉は、自分の主張は通しつつも相手を満足させることです。あとになって文句を言われたり、怨まれるようなことはダメです。

自分さえよければ、相手が損を被ろうとおかまいなしではウィン・ルーズの関係です。

自分が我慢して、相手が喜ぶなら仕方ないと思うのはルーズ・ウィンの関係です。

ウィン・ウィンの関係は、相手の意見を尊重したうえで、自分の主張も伝えます。双方が折り合うところに着地点を見つけます。

ただしそれぞれに妥協点はあるはずですが、あなたは小さな譲歩を積み重ねるようにするところがポイントになります。

あなたの側の小さな譲歩で、相手に、

「今日の交渉は勝ったかも……」

と思わせればしめたもの。

結果、あなたが小さな譲歩で大きな成果を得ることになれば、これぞまさしくウィン・ウィンの関係成立です。

**Point**

1・ウィン・ウィンの関係とは自分も相手も満足する結果を得ること

2・小さな譲歩で大きな成果を得られればウィン・ウィンの関係成立

相手に勝ったと思わせて大きな成果を得る！

## 50 揚げ足をとりたがる相手との交渉術

▼落ち着いて対処することを肝に銘ずる大切さ

### 動揺せず冷静に対処する気構えをもつ

交渉の場では、相手から無理を押しつけられたり追い詰められたり、また黙りこくってしまわれたりと、なかなかこちらの思い通りにはならないものです。

それでもリラックスした雰囲気を作って相手の言い分をよく聞き、本音の部分を見逃さず、一気に攻めるチャンスをうかがっているのは、双方とも同じです。

相手の言葉を逃さずにいると、言葉尻さえ一気にたたみ込まれるきっかけになることもあるほど、おたがいに緊張した空気が漂っているものです。

言葉尻どころか、重箱の隅をつつくような揚げ足取りばかりをする人もいます。この手の輩《やから》は本題とは無関係なのだからと、いいかげんな対応などしようものなら、ここぞとばかりに責めてくるので要注意です。

ともかく相手の指摘には動揺せず、落ち着いて冷静に対処することが大切です。ほとんど決まった勝負も一瞬の気の迷いで逆転されないとも限りません。

「この文章は、てにをはが、おかしいね」だの「この字は木へんじゃないよね、正しいのは禾へんのはずだけど……」など、ほとんどいちゃもんとしか言えないようなことから始まって、「この

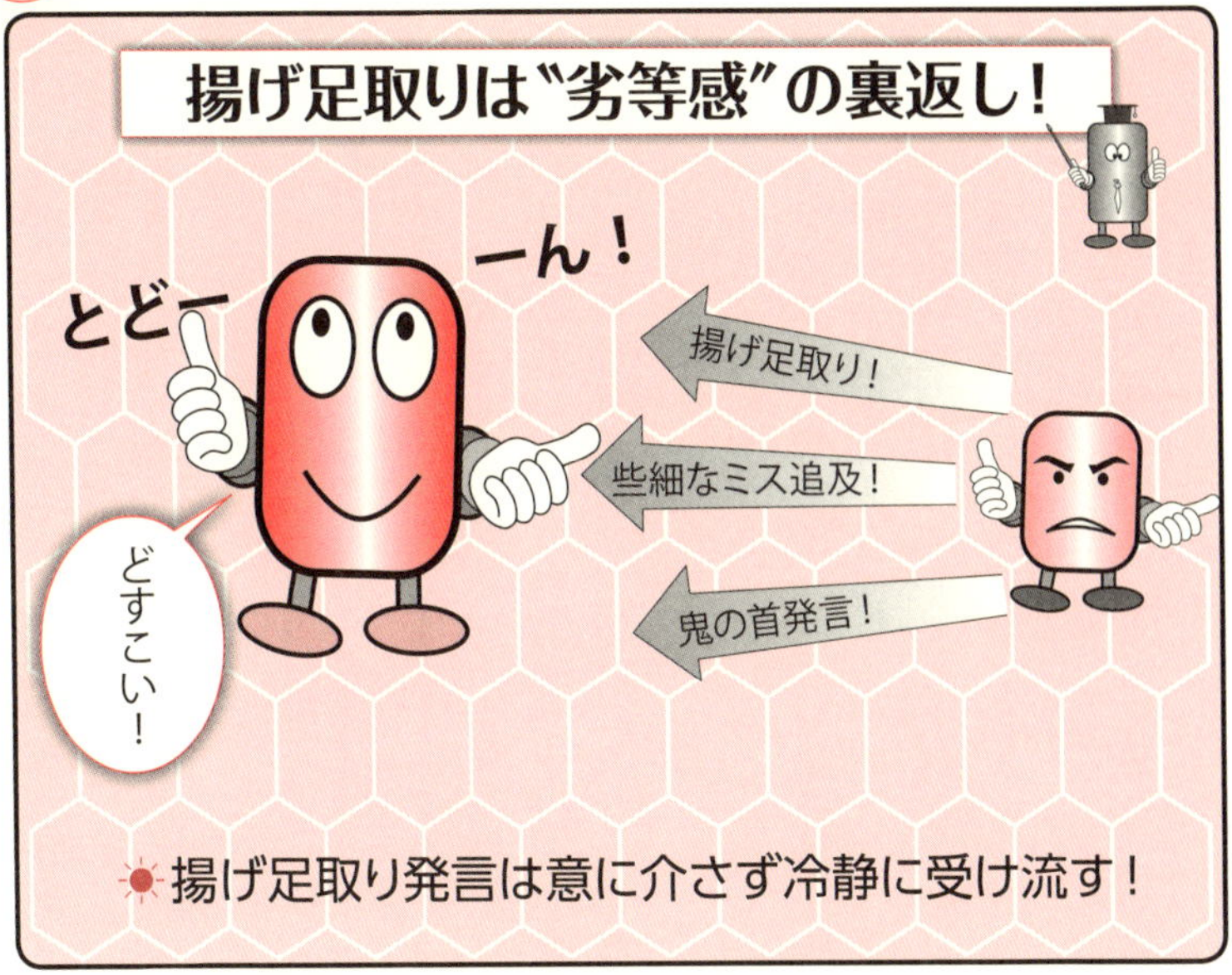
揚げ足取りは"劣等感"の裏返し!
とどーーーん!
揚げ足取り!
些細なミス追及!
鬼の首発言!
どすこい!
揚げ足取り発言は意に介さず冷静に受け流す!

データ、だいぶ古いんじゃないの、大丈夫かなあ〜」などと、単なる参考資料にこだわりを見せたりしてきます。

こんなときには、

「あくまで全体を補足するものでしかないのですから、全体を見て判断してください」

「よくお気づきになりましたね、ケアレスミスですから、そちらで訂正しておいてください」

と冷静に切り返すのです。

**「揚げ足取りの心理」**とは、相手との正面対決を避けるためにほかなりません。

些細なことにまるで鬼の首でもとったように大騒ぎするというのは、裏返せばそんなところにしか突っ込むところがないということの証明でもあるのです。

こんな相手にイライラしていたり動揺したら足元を見られて、それこそ相手のツボにはまってしまうことになります。

相手が言葉尻の揚げ足ばかりをとっているな

と気づいたとき、交渉はこの時点で、こちらの勝利といっても過言ではないのです。

自信をもって自分の思い通りの最後の詰めに進んでいくべきです。

## 他人の揚げ足をとる人の心理分析

人の揚げ足をとる人といえば、世間一般ではひと言「性格の悪い奴」で終わりですが、心理的メカニズムを分析すると、いろいろなことがわかります。

そもそも人の揚げ足をとっているような人とは、自分に自信がもてなかったり、劣等感を強くもっているものです。

そして、心のなかにはストレスをため込んでいて、人を嫌な気分にさせてストレスを発散させようとしているのです。

そのはけ口が、揚げ足取りとして表れていると考えられます。

ところが、揚げ足取りがストレスの吐け口となっているとは、他人から思われにくく、本心を隠しやすいのです。

揚げ足をとっておいて「本当は言いたくないんだけれど」と弁解するのは、単なるストレス発散でしかないからです。

あなたの上司にこのような人がいたら、「ストレスをためてるんだなあ……」くらいに聞き流すのがよいでしょう。

まともに取り合えば、相手になってくれると思われて、次も狙われるからです。

交渉相手の場合は、前の項で触れたように、落ち着いて対処できれば、問題ないでしょう。

## ウォーム・アンド・タフの精神

交渉とは熾烈な駆け引きそのものですから、最後まで気をゆるめることなく目的を達成しなければなりません。

たとえ相手がさまざまな角度から、姑息な揚げ足取りを行おうが、合意に向けて交渉しているうちは、同じ目標に向かう者同士であることを忘れてはなりません。

**「ウォーム・アンド・タフ」**という言葉があります。

〝人にはウォーム＝あたたかく、ビジネスにはタフ＝強く〟という意味です。

人にあたたかいという意味は、譲歩のことを表すものではありません。**相手の立場を理解し、気持ちを和やかに話し合いを進める**ということです。

交渉がビジネスである以上、強引に奪うことはできないわけですから、相手がどのような人物であっても、双方の意見のすり合わせが基本ということは変わりありません。その点をしっかり意識していれば、心理テクニックは大いに威力を発揮し、相手との交渉を優位に進めることが可能になります。

**Point**

1・揚げ足取りには動揺せず落ち着いて冷静に対処することが大切

2・揚げ足をとる人の心理的メカニズムを知ると対処法がわかる

揚げ足取りはストレスの吐け口行為！

COLUMN 6

# モノの価格を2000円ではなく1980円にする理由

スーパーなどでよく見かける「98円」「980円」「1980円」といった価格札の「8」という数字には、どんな意味があるのでしょうか？

100円のモノと98円のモノが並んで売られていたら、どちらの商品に手が出しやすいでしょうか。

当然98円のほうに決まっています。98円で1日100個も売れるような商品に100円の値札をつけたところ、50個しか売れなかったというデータもあります。それほど効果があるのです。

たった2円の違いですが、人間の心理には100円より98円のほうが「安い！」という心理が働くのです。

1000円と980円ではたった20円の差しかありません。消費税が加算されたら両者ともに1000円札1枚では購入できないにもかかわらず、人は980円という価格に惹かれる心理メカニズムが働くのです。

日本人は「8」という数字を使いますが、アメリカは2.99ドルのように「9」という数字をよく使います。

# 参考文献

『思い通りに人をあやつる101の心理テクニック』（神岡真司著／フォレスト出版）
『相手を自在に操るブラック心理術』（神岡真司著／日本文芸社）
『図解「クレーム」切り返しの技術』（神岡真司著／日本文芸社）
『面白いほど相手が動いてくれる！ 心理マジック大全』（樺旦純著／青春出版社）
『思いのままに人をあやつる心理学大全』（齊藤勇監修／宝島社）
『心を透視する技術』（伊達一啓著／三笠書房）
『心をつかむ心理学』（渋谷昌三著／三笠書房）
『面白いほどよくわかる心理学の本』（渋谷昌三著／西東社）
『すぐに試したくなる実戦 心理学!』（おもしろ心理学会編／青春出版社）
『マンガ 思わず試してみたくなる心理学入門』（齊藤勇監修／宝島社）
『トークいらずの営業術』（メンタリストDaiGo著／星雲社）
『会議を制する心理学』（岡本浩一著／中央公論新社）
『フシギなくらい見えてくる！ 本当にわかる心理学』（植木理恵著／日本実業出版社）
『超一流の雑談力』（安田正著／文響社）
『アドラー心理学入門―よりよい人間関係のために』（岸見一郎著／ベストセラーズ）
『まんがでわかる7つの習慣』（フランクリン・コヴィー・ジャパン監修／宝島社）
『伝え方が９割』（佐々木圭一著／ダイヤモンド社）
『マインド・コントロール』（岡田尊司著／文藝春秋）
『人は暗示で９割動く！』（内藤誼人著／大和書房）
『他人を支配する黒すぎる心理術』（マルコ社編／サンクチュアリ出版）

企画・制作／株式会社東京出版企画
編集協力／株式会社モデリスト
オフィス・スリー・ハーツ
カバーデザイン／若林繁裕
本文DTP／松下隆治

●監修者略歴
**神岡真司**（かみおか・しんじ）
ビジネス心理研究家。日本心理パワー研究所主宰。法人対象のモチベーションセミナー等で活躍中。
著書に『思い通りに人をあやつる101の心理テクニック』『面白いほど雑談が弾む101の会話テクニック』『あなたの「影響力」が武器となる101の心理テクニック』（フォレスト出版）、『相手を自在に操るブラック心理術』『必ず黙らせる「クレーム」切り返し術』『頭のいい人が使うモノの言い方・話し方』（日本文芸社）、『賢く人を操れる「ブラック」会話術』（三笠書房）、『99％の人が動く！「伝え方」で困らない心理テクニック』（大和書房）、『「気がきく人」と思わせる103の心理誘導テクニック』（角川学芸出版）など著書多数。

●執筆者略歴
**酒井和子**（さかい・かずこ）
東京都出身。大学卒業後出版社に入社。月刊誌の編集者として数十年間勤務。その後フリーになり、ライターとして多数の書籍を執筆。『面白いほどよくわかる家紋のすべて』『面白いほどよくわかる論語』（日本文芸社）、『方丈記』『超訳・哲学入門』（徳間書店）、『図解！世界と日本の領土問題』（三笠書房）など。

**大山 高**（おおやま・たかし）
帝京大学経済学部経営学科専任講師。大学卒業後三洋電機に入社。コーポレートコミュニケーション部配属。2005年よりJリーグ・ヴィッセル神戸、広告代理店・博報堂にて宣伝広報業務に従事する。立命館大学大学院経営管理研究科修了。経営学修士（MBA）取得。

手に取るように人を動かす
**最強のトリック心理学**
2016年3月7日　初版　第1刷発行

| | |
|---|---|
| **監修者** | 神岡真司 |
| **発行者** | 木村通子 |
| **発行所** | 株式会社 神宮館 |
| | 〒110-0015　東京都台東区東上野1丁目1番4号 |
| | 電話　03-3831-1638（代表） |
| | FAX　03-3834-3332 |
| **印刷・製本** | 誠宏印刷 株式会社 |



ISBN　978-4-86076-252-0
Printed in Japan
神宮館ホームページアドレス　http://www.jingukan.co.jp
1620150